ABOUT THIS MANUSCRIPT

Title: The Royal Choirbook (or Motets)
Composers: Magister Sampson, Benedictus de Opitiis and others
Origin: Netherlands, S. (Antwerp?)
Date: 1516
Language: Latin
Folio dimensions: 495 x 345 mm
Location: British Library (MS Royal 11 E XI)

Facsimile compiled by Palatino Press
www.palatinopress.com

THE ROYAL CHOIRBOOK

Me fieri ac componj fecit po / 1716. ——— ıl. E xl. p. 195.
XXIX. C.

1

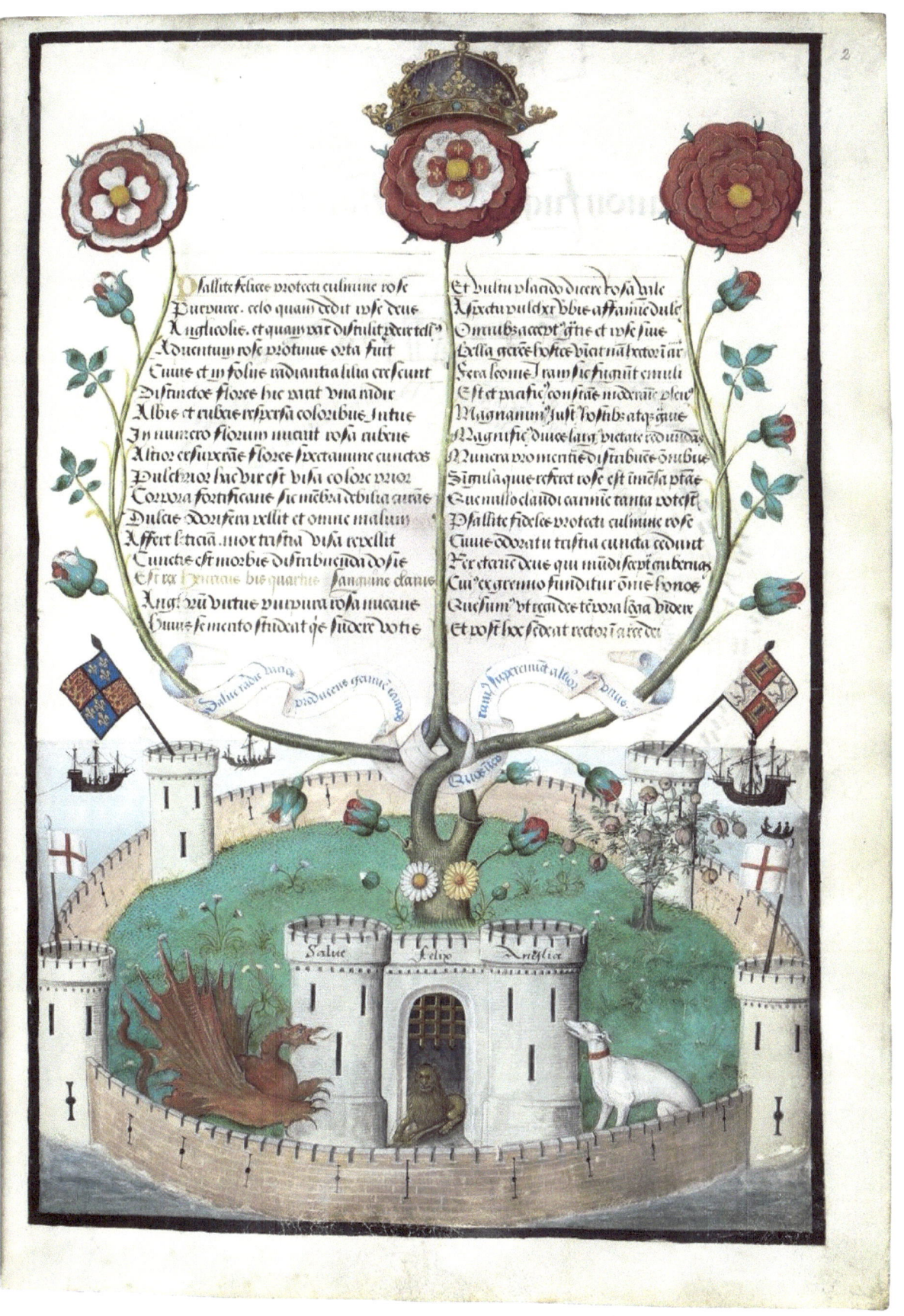

Canon fuga Jn diateſſaron.

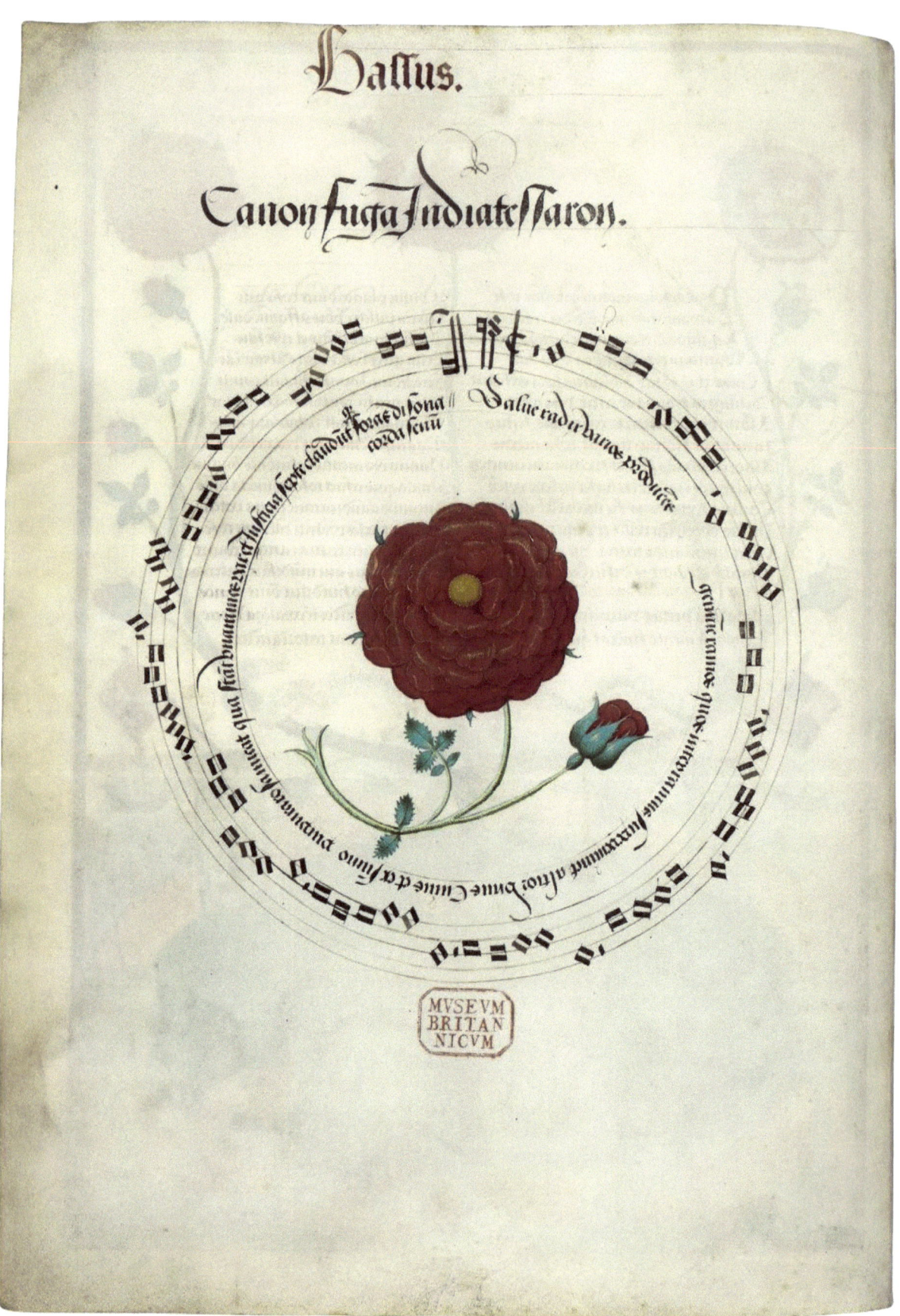

Contratenor.

Canon fuga Inditateffaron.

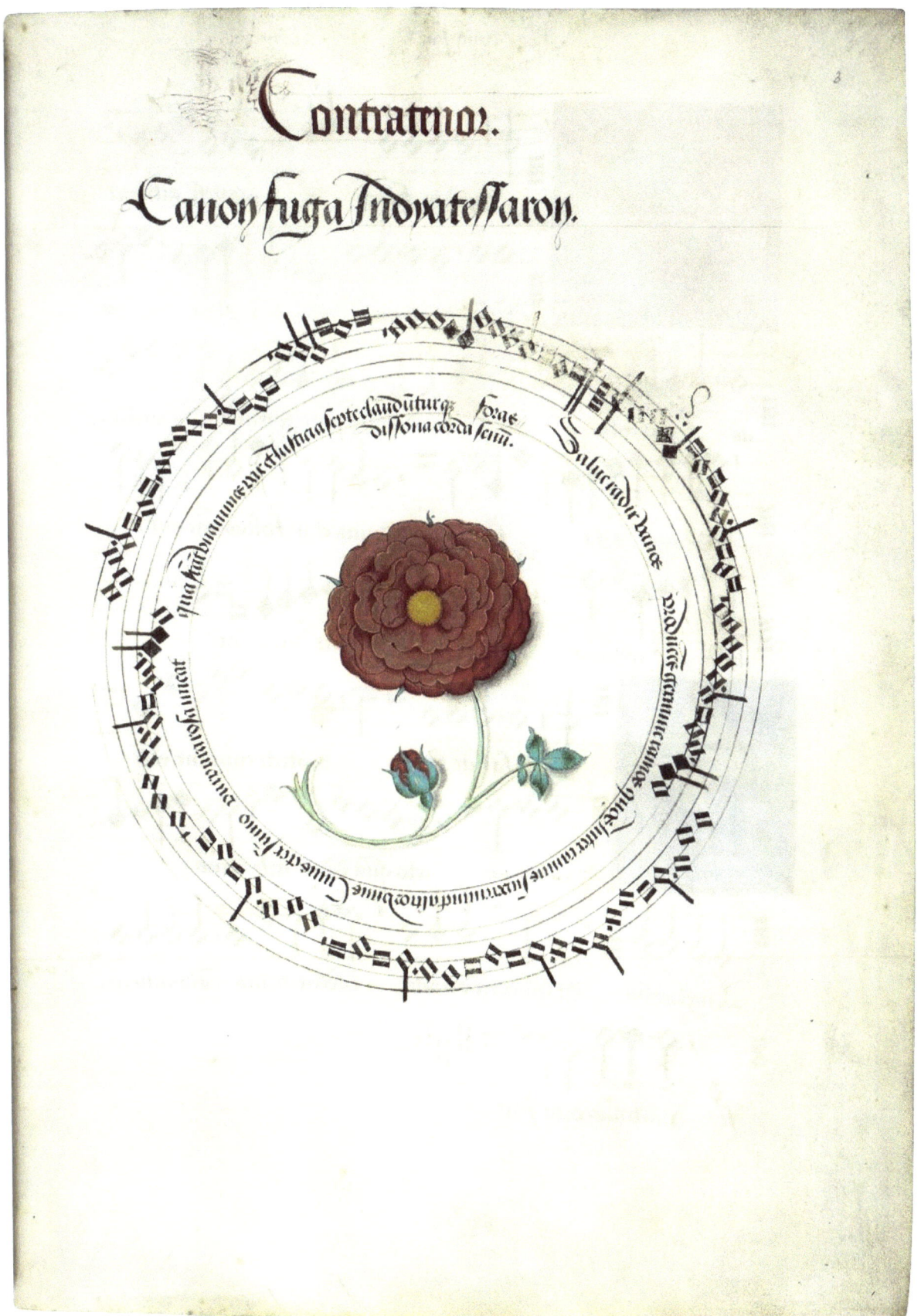

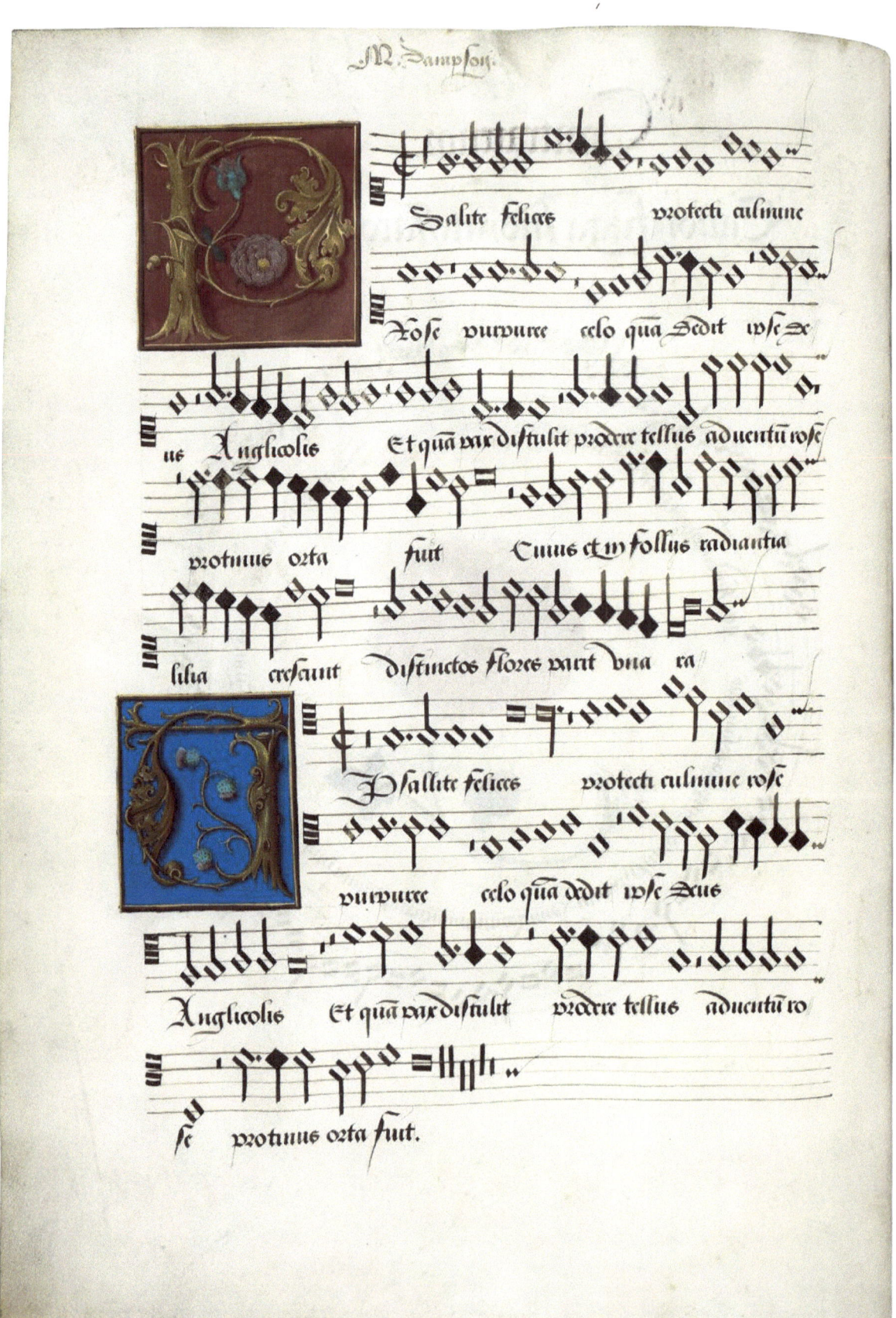

Salite felices	protecti culmine

Rose purpuree celo qua dedit ipse de

us Anglicolis	Et qua parx distulit prodere tellus aduentu rose

protinus orta	fuit	Cuius et in follis radiantia

lilia	crescunt	distinctos flores parit vna	ra

Psallite felices	protecti culmine rose

purpuree	celo qua dedit ipse deus

Anglicolis	Et qua parx distulit	prodere tellus	aduentu ro

se protinus orta fuit.

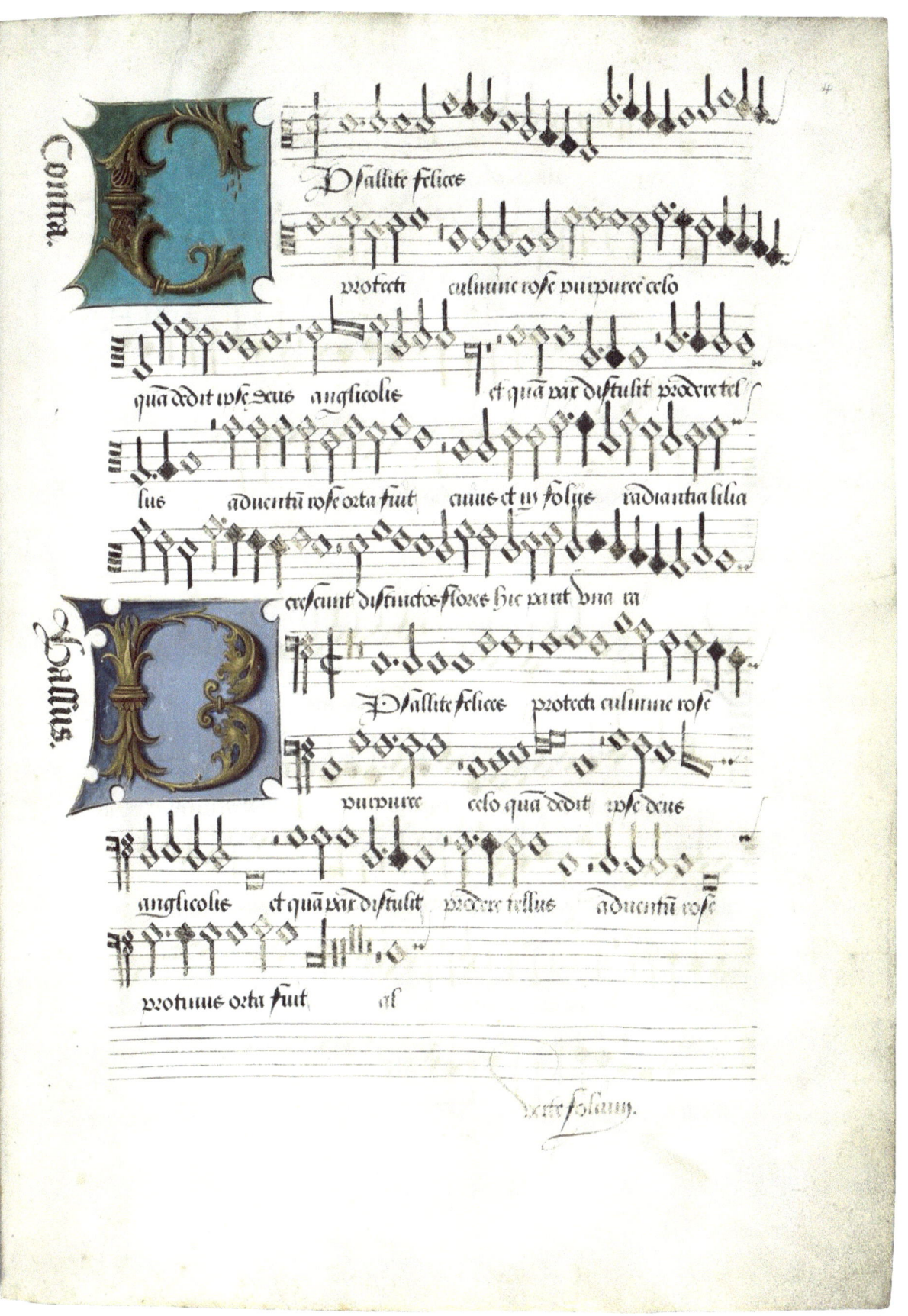

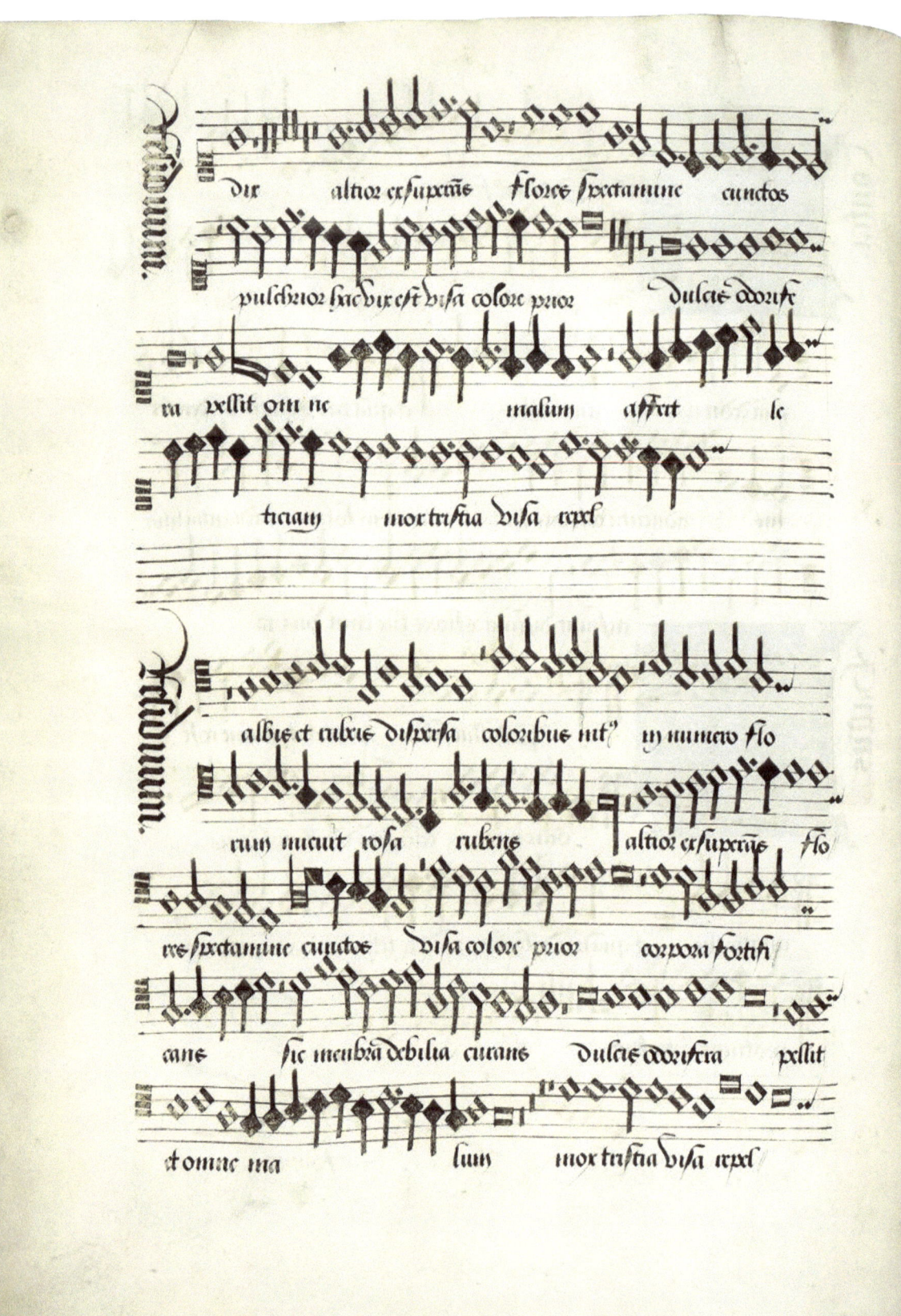

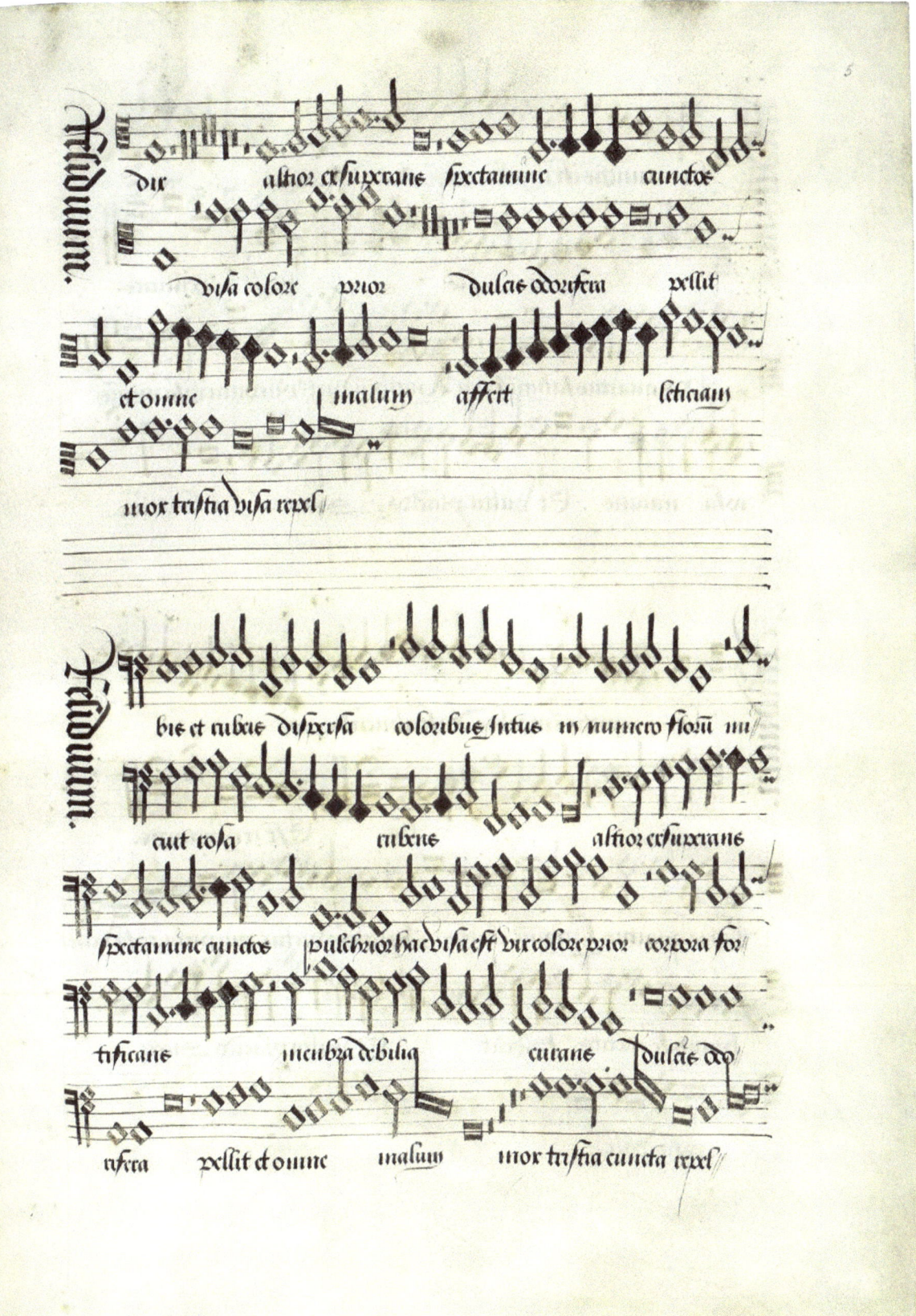

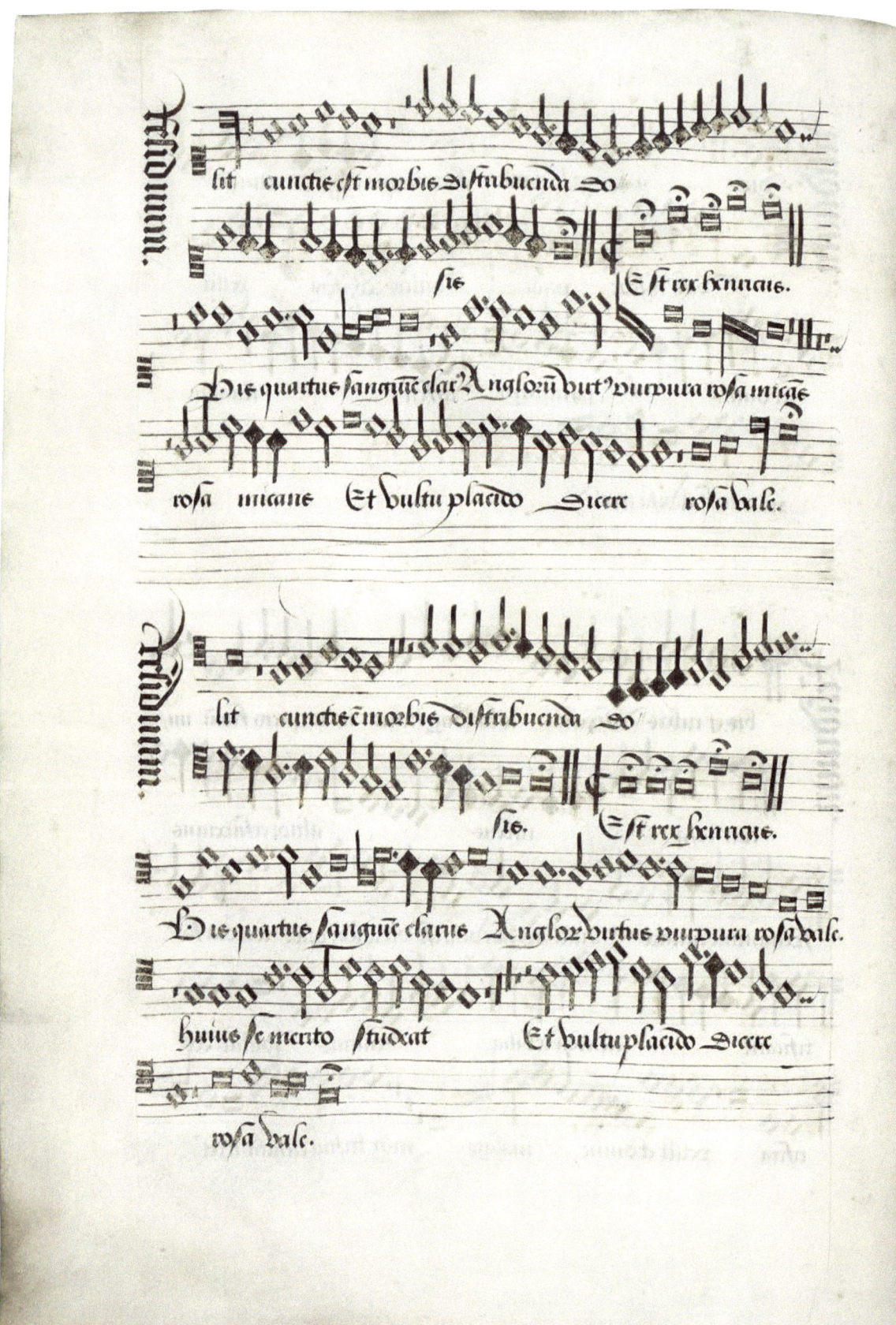

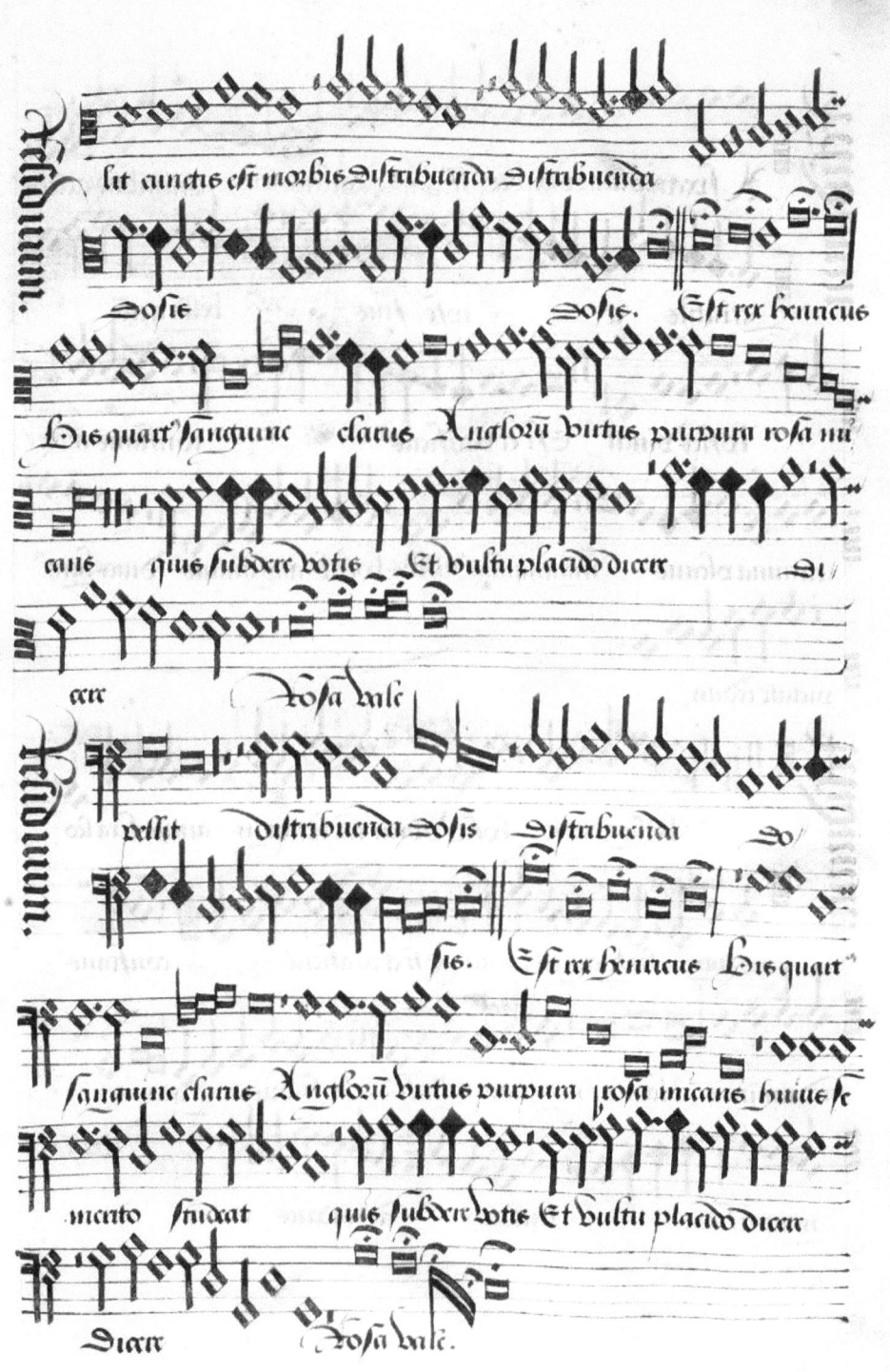

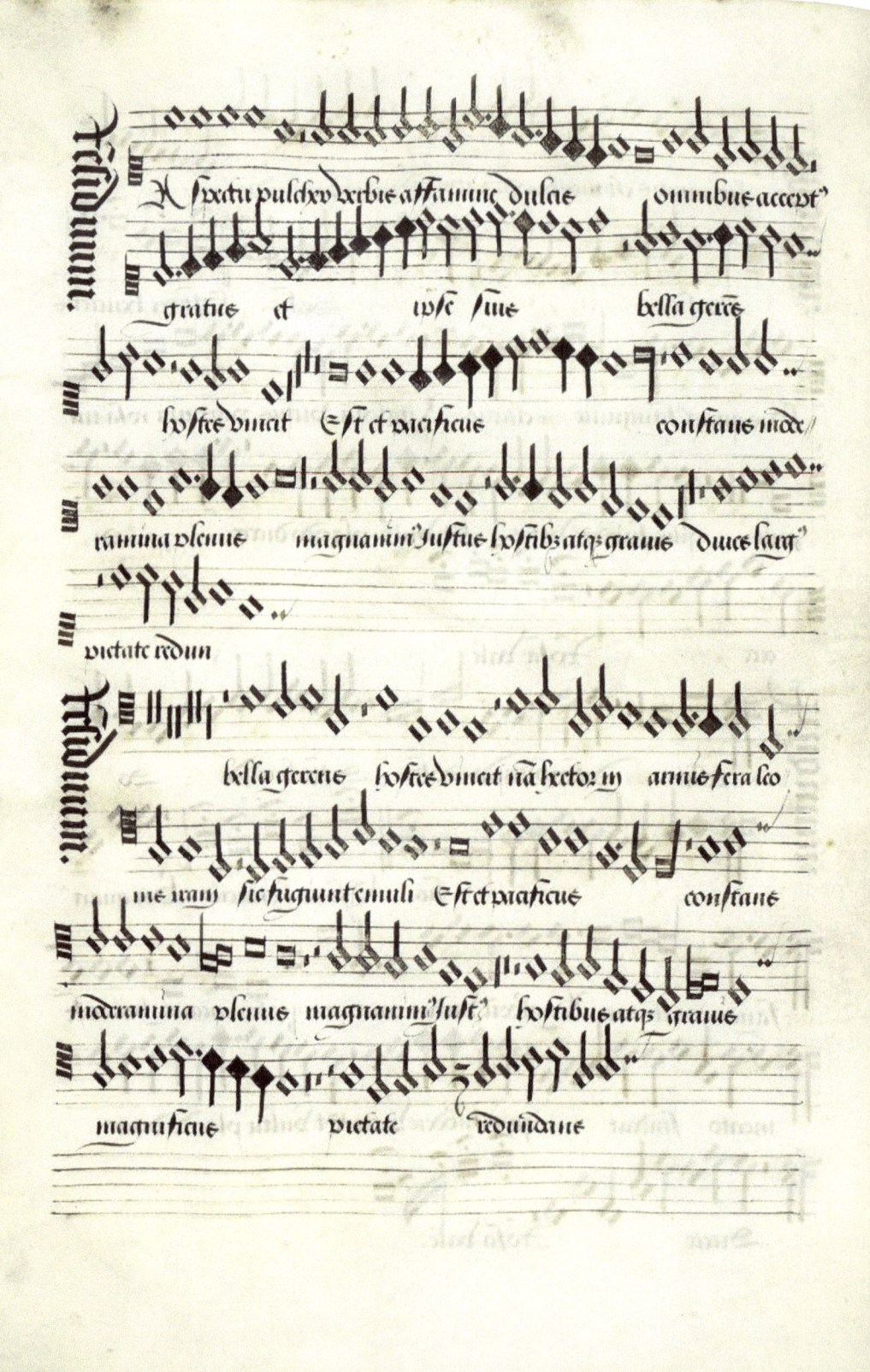

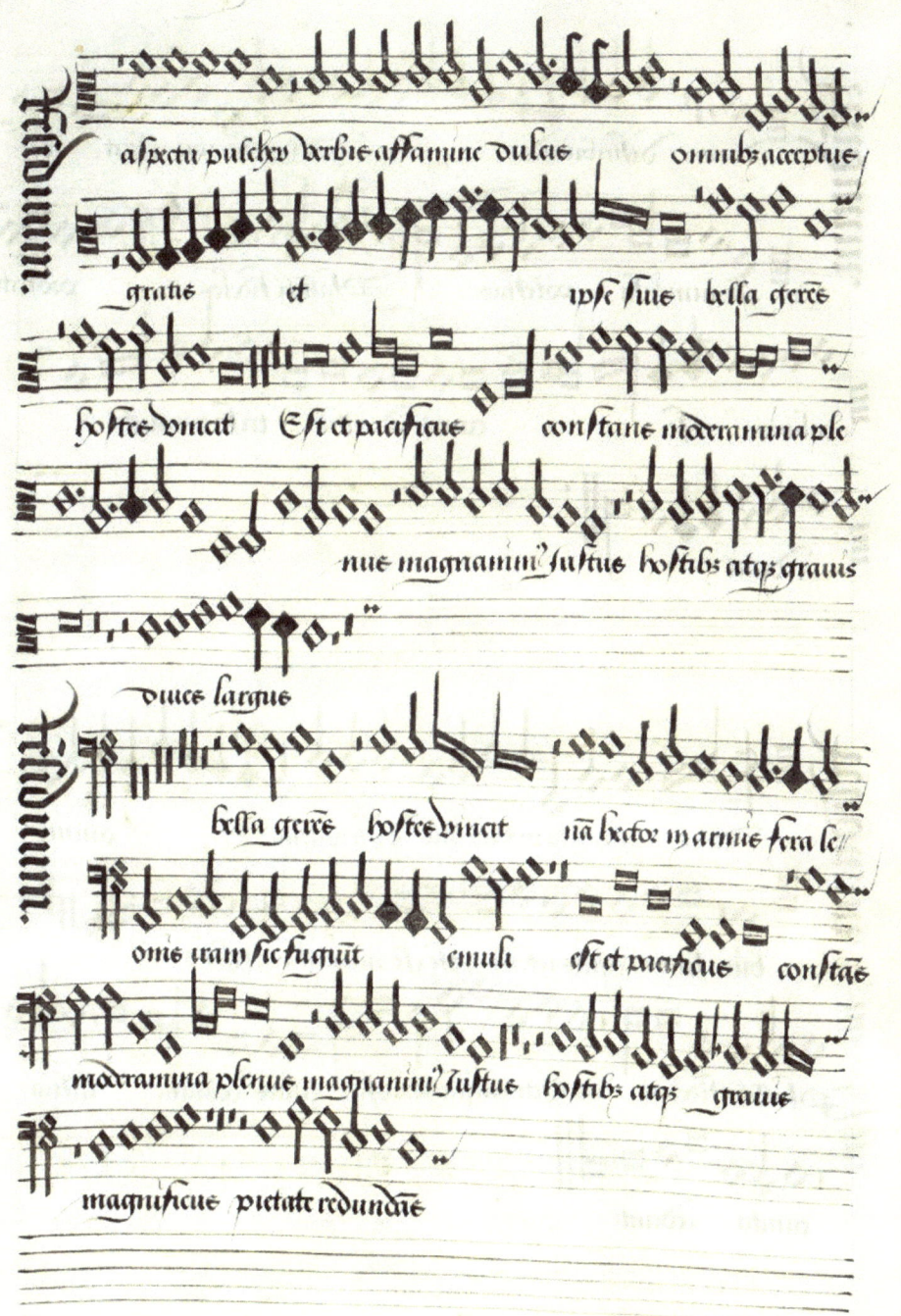

aspectu pulcher verbis affamine dulcis omnibus acceptus
gratis et ipse suis bella gerens
hostes vincat. Est et pacificus constans moderamina ple
nue magnanimus Iustus hostibus atque gravis
dulcis largus

bella gerens hostes vincat na hector in armis fera le
omnis iram sic fugiunt emuli est et pacificus constas
moderamina plenus magnanimus Iustus hostibus atque gravis
magnificus pietate redundas

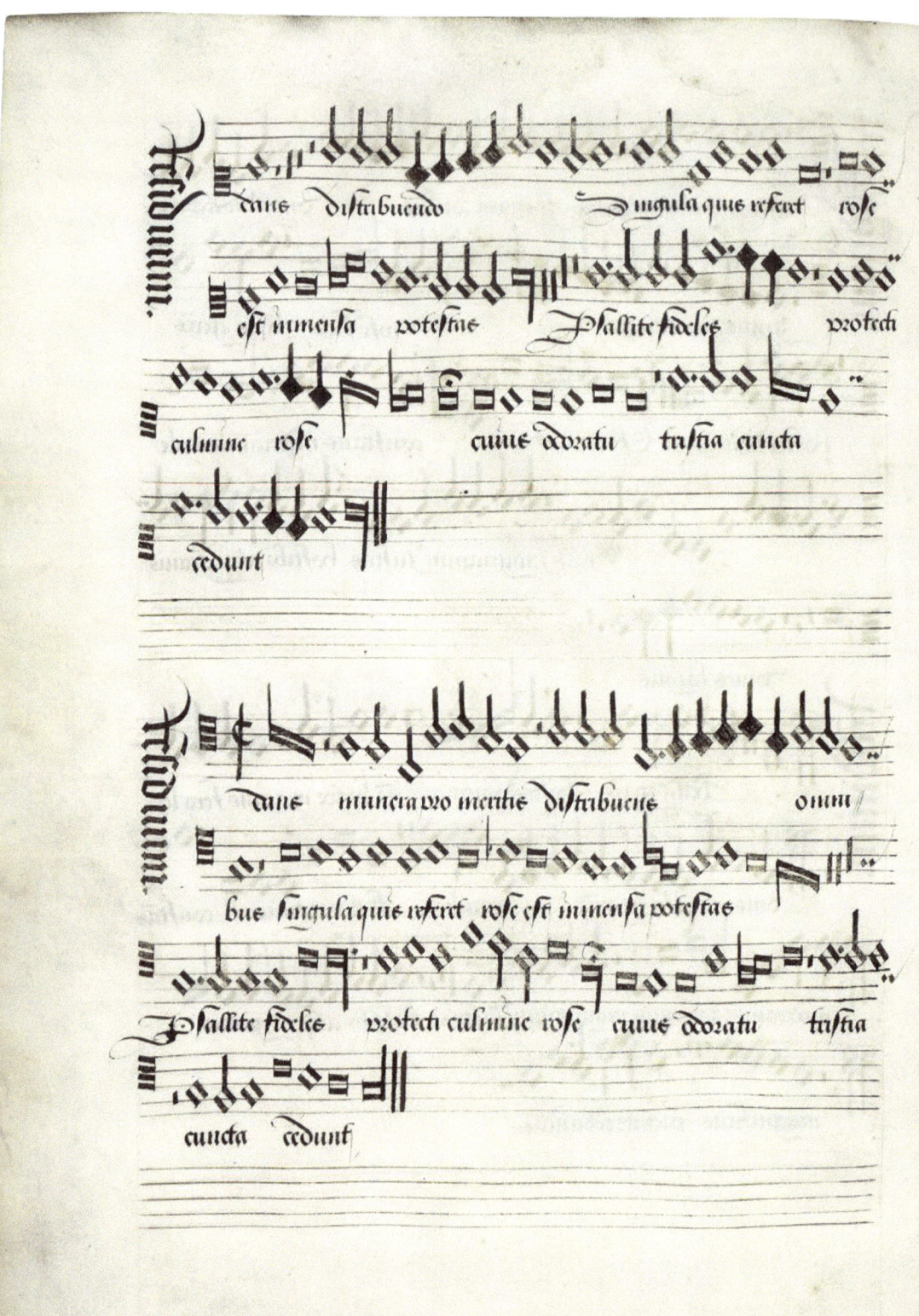

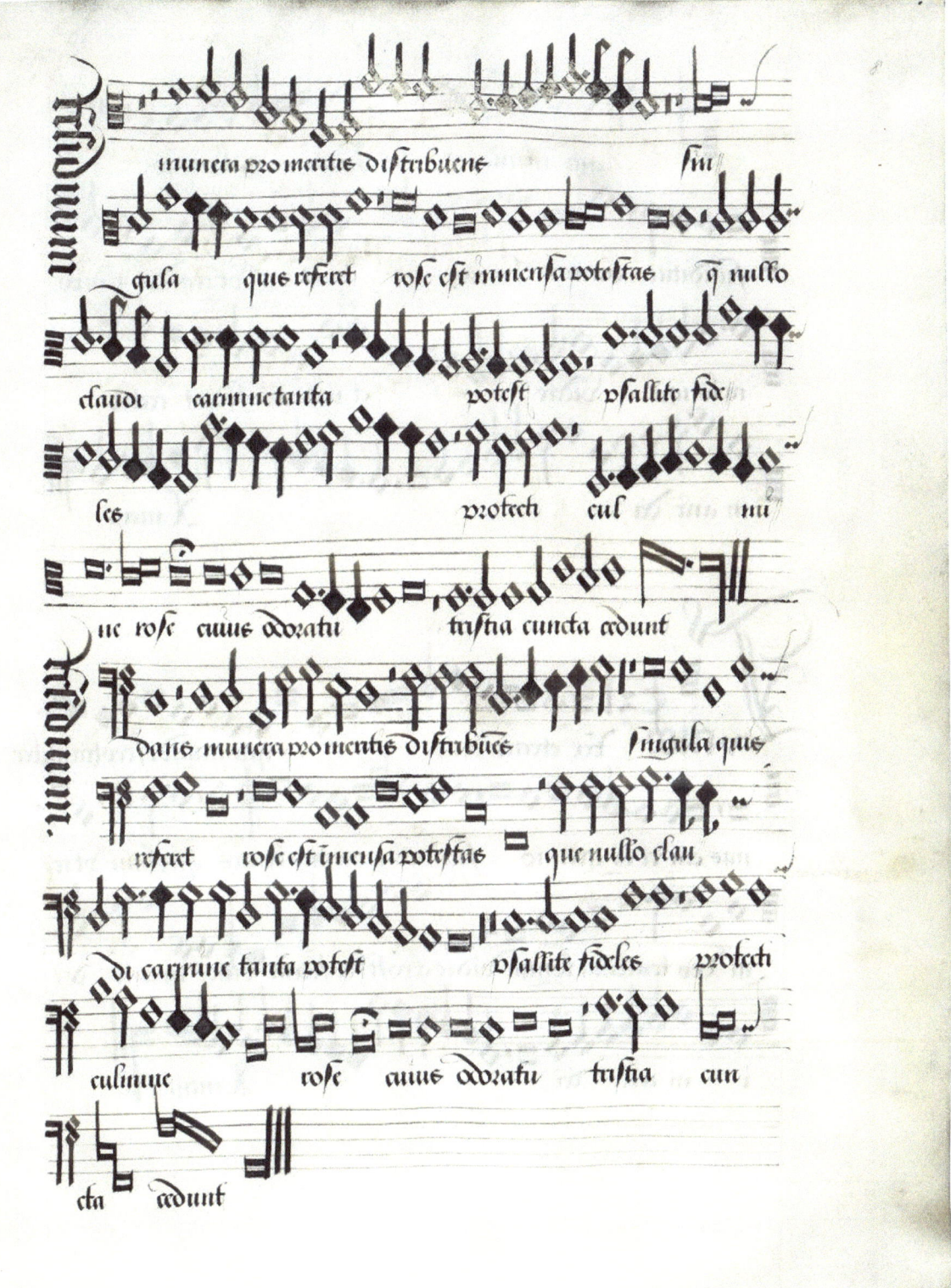

munera pro meritis distribuens   sin

gula   quis referet   rose est inmensa potestas   q nullo

claudi   carmine tanta   potest   psallite fide

les   protecti   cul   nu

ue rose   cuius odoratu   tristia cuncta cedunt

dans munera pro mentis distribuens   singula quis

referet   rose est imensa potestas   que nullo clau

di carmine tanta potest   psallite fideles   protecti

culmine   rose   cuius odoratu   tristia   cun

cta cedunt

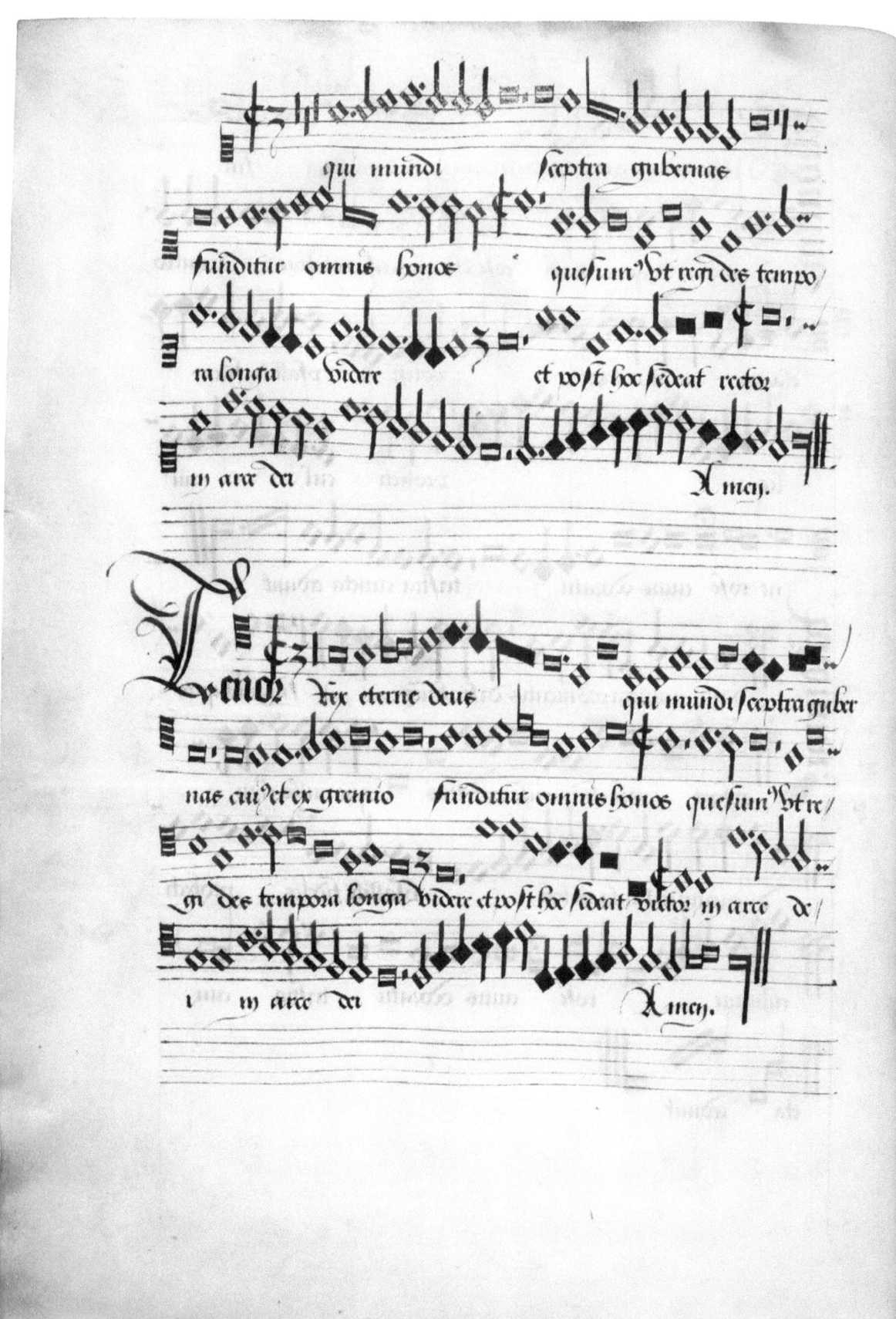

qui mundi sceptra gubernas

funditur omnis honor quesium ut regn des tempo

ra longa videre et post hoc sedeat rector

in arce dei Amen.

Tenor rex eterne deus qui mundi sceptra guber

nas cui et ex gremio funditur omnis honos quesium ut re

gn des tempora longa videre et post hoc sedeat victor in arce de

i in arce dei Amen.

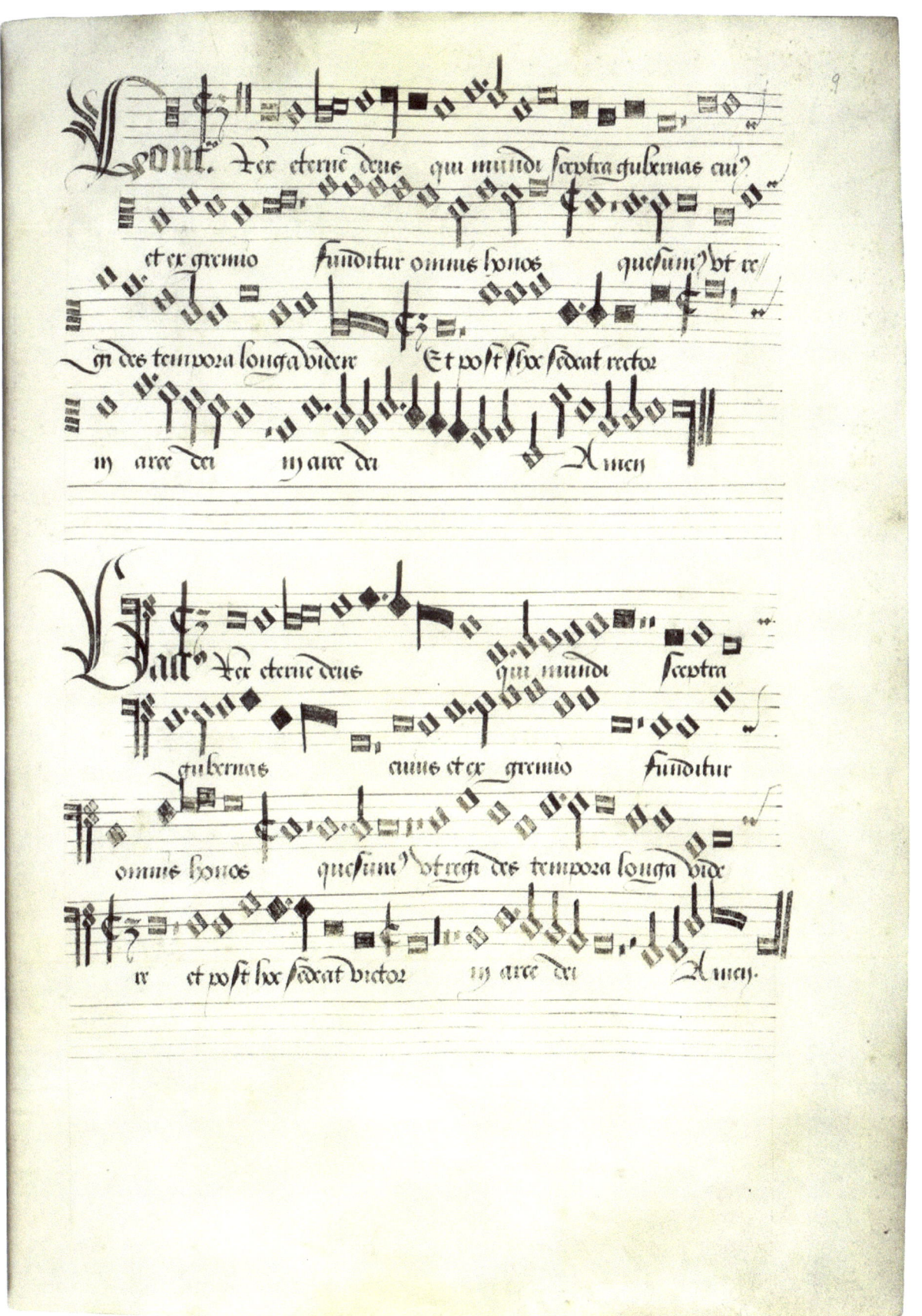

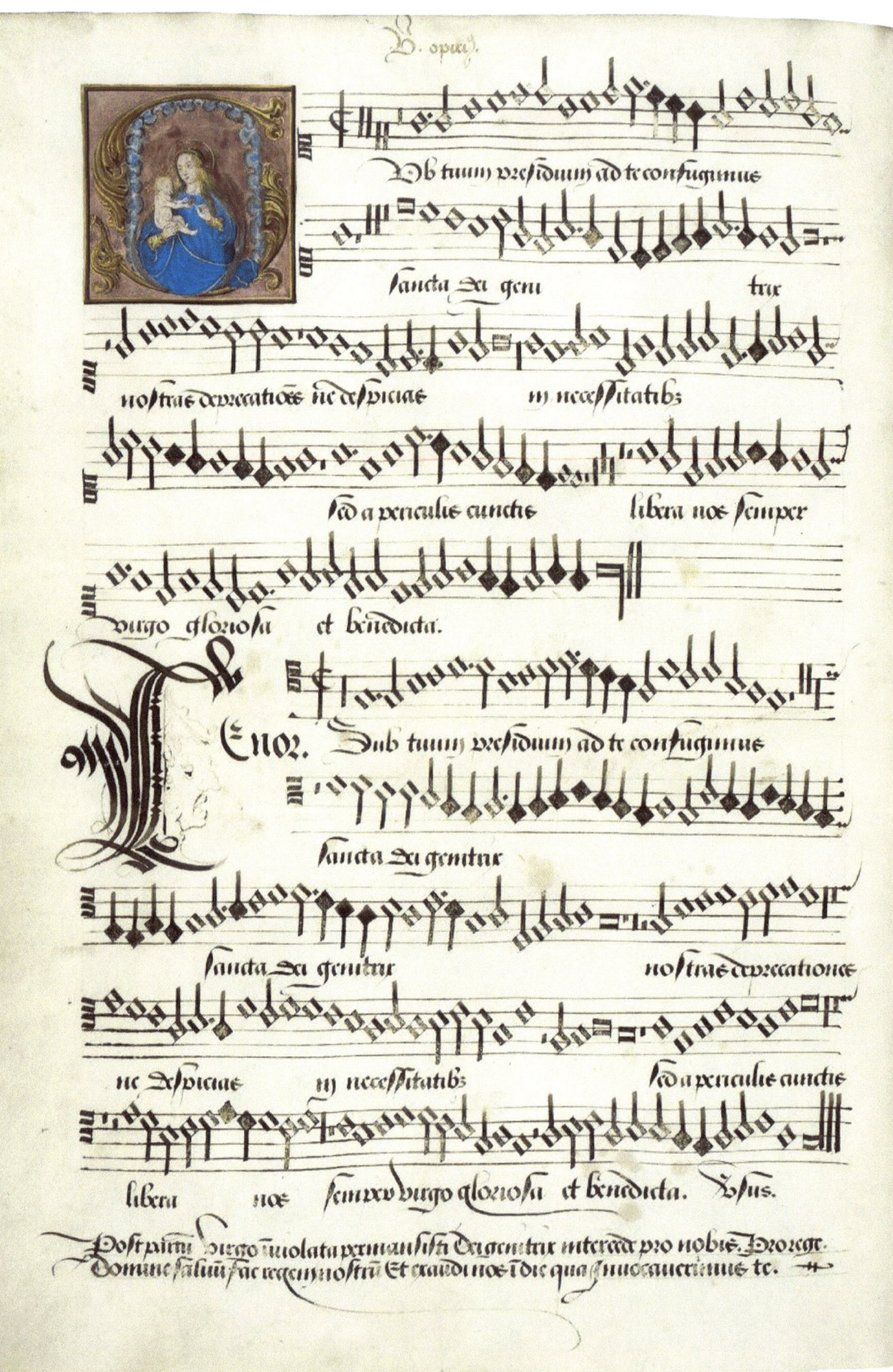

Sub tuum presidium ad te confugimus

sancta Dei geni   trix

nostras deprecatiões ne despicias   in necessitatibz

sed a periculis cunctis   libera nos semper

virgo gloriosa   et benedicta.

Tenor.   Sub tuum presidium ad te confugimus

sancta Dei genitrix

sancta Dei genitrix   nostras deprecatioes

ne Despicias   in necessitatibz   sed a periculis cunctis

libera   nos   semper virgo gloriosa   et benedicta.   Versus.

Post partum virgo inviolata permansisti Dei genitrix intercede pro nobis. Protege.
Domine salvum fac regem nostrum Et exaudi nos in die qua inuocauerimus te.

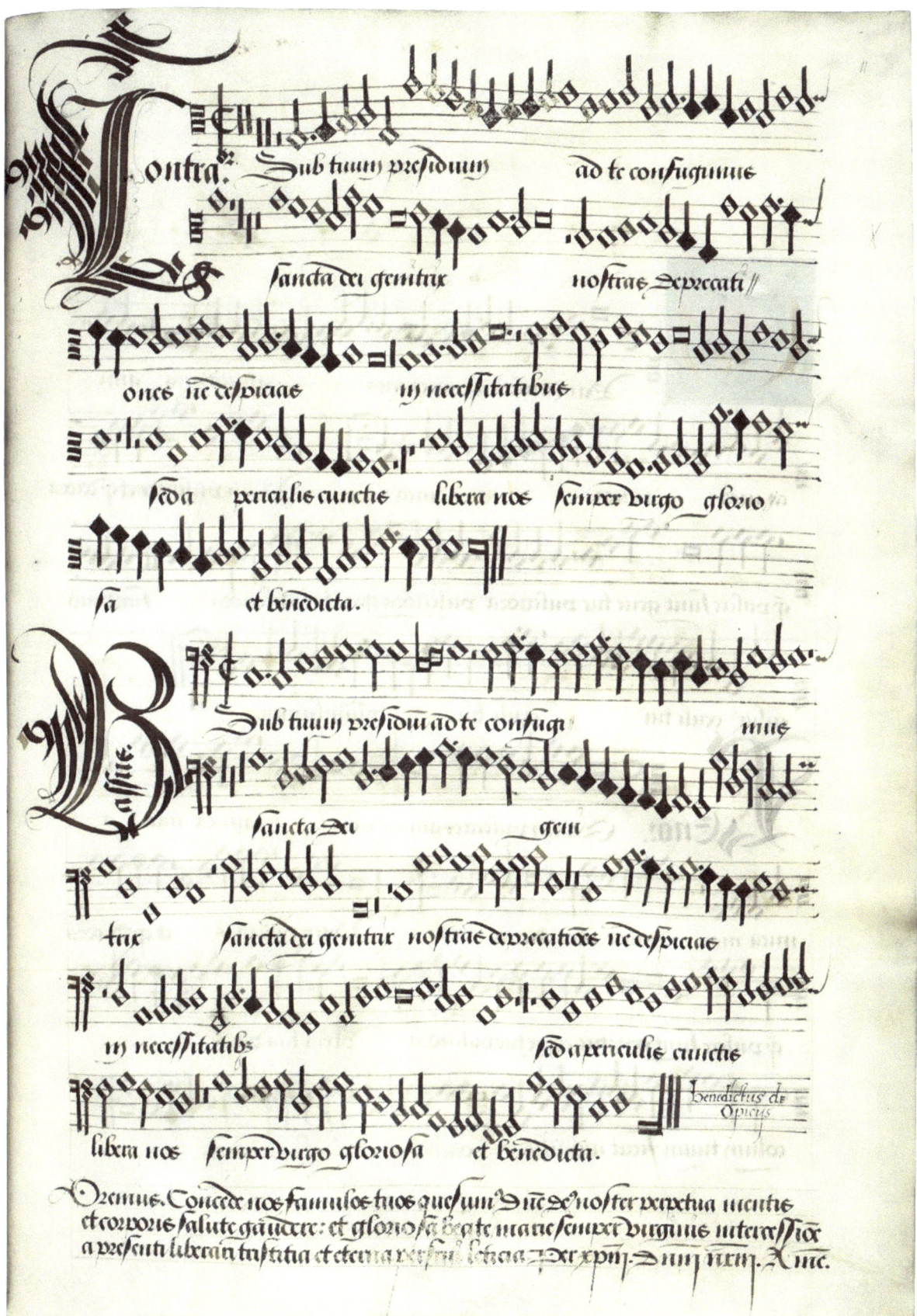

Contra. Sub tuum presidium ad te confugimus

sancta dei genitrix nostras deprecati

ones ne despicias in necessitatibus

sed a periculis cunctis libera nos semper virgo glorio

sa et benedicta.

Sub tuum presidium ad te confugi mus

sancta dei gen

trix sancta dei genitrix nostras deprecationes ne despicias

in necessitatibs sed a periculis cunctis

Benedictus de Opicus

libera nos semper virgo gloriosa et benedicta.

Oremus. Concede nos famulos tuos quesumus dne deus noster perpetua mentis
et corporis salute gaudere: et gloriosa beate marie semper virginis intercessione
a presenti liberari tristitia et eterna perfrui letitia. Per xpm. dnm nrm. Amen.

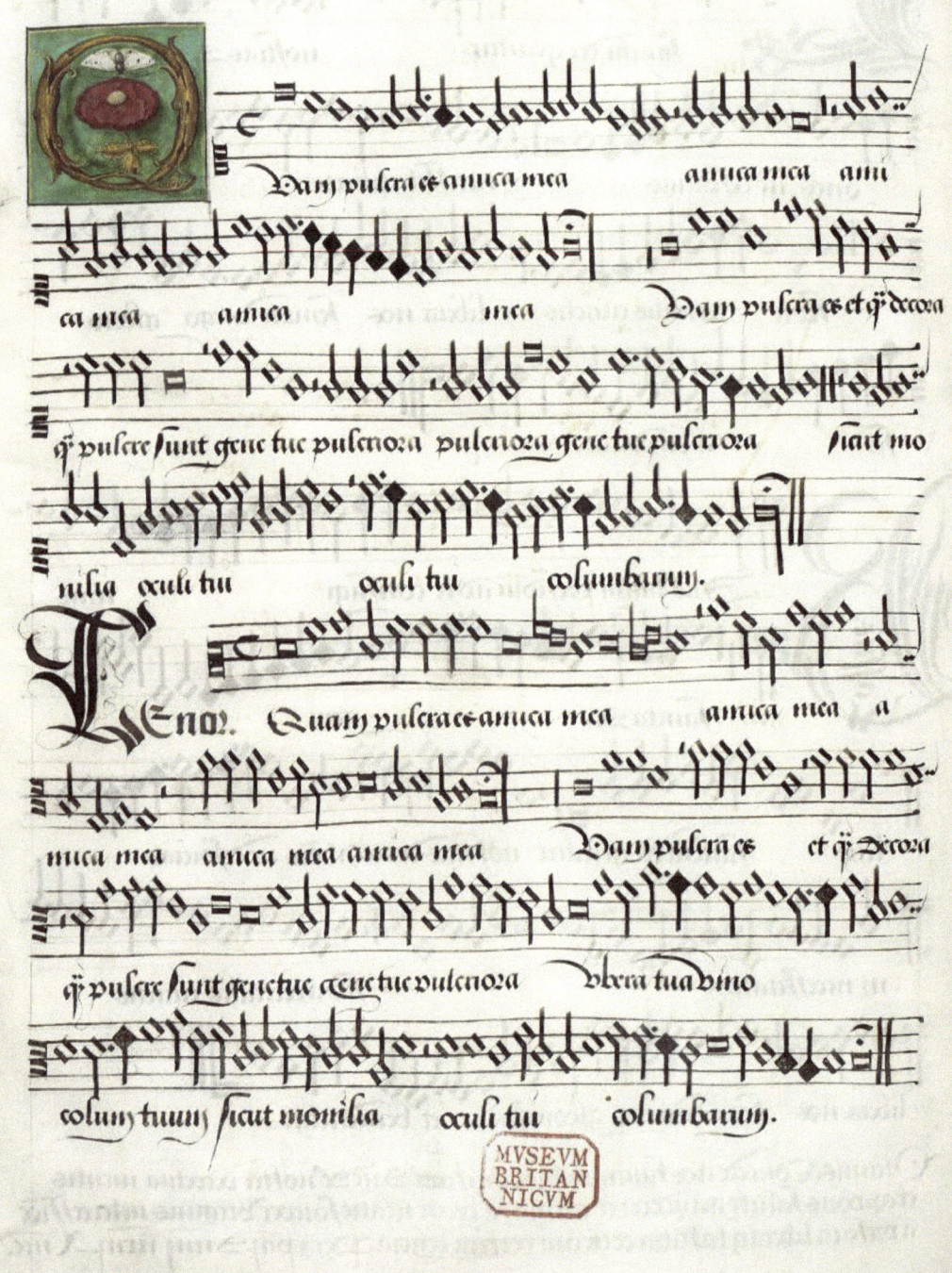

Quam pulcra es amica mea   amica mea ami

ca mea   amica   mea   Quam pulcra es et q̄ decora

q̄ pulere sunt gene tue pulcriora pulcriora gene tue pulciora   siait mo

nilia oculi tui   oculi tui   columbarum.

Tenor.   Quam pulcra es amica mea   amica mea   a

mica mea   amica mea amica mea   Quam pulcra es   et q̄ decora

q̄ pulere sunt genetue cene tue pulciora   Vbera tua vino

colum tuum ficut monilia   oculi tui   columbarum.

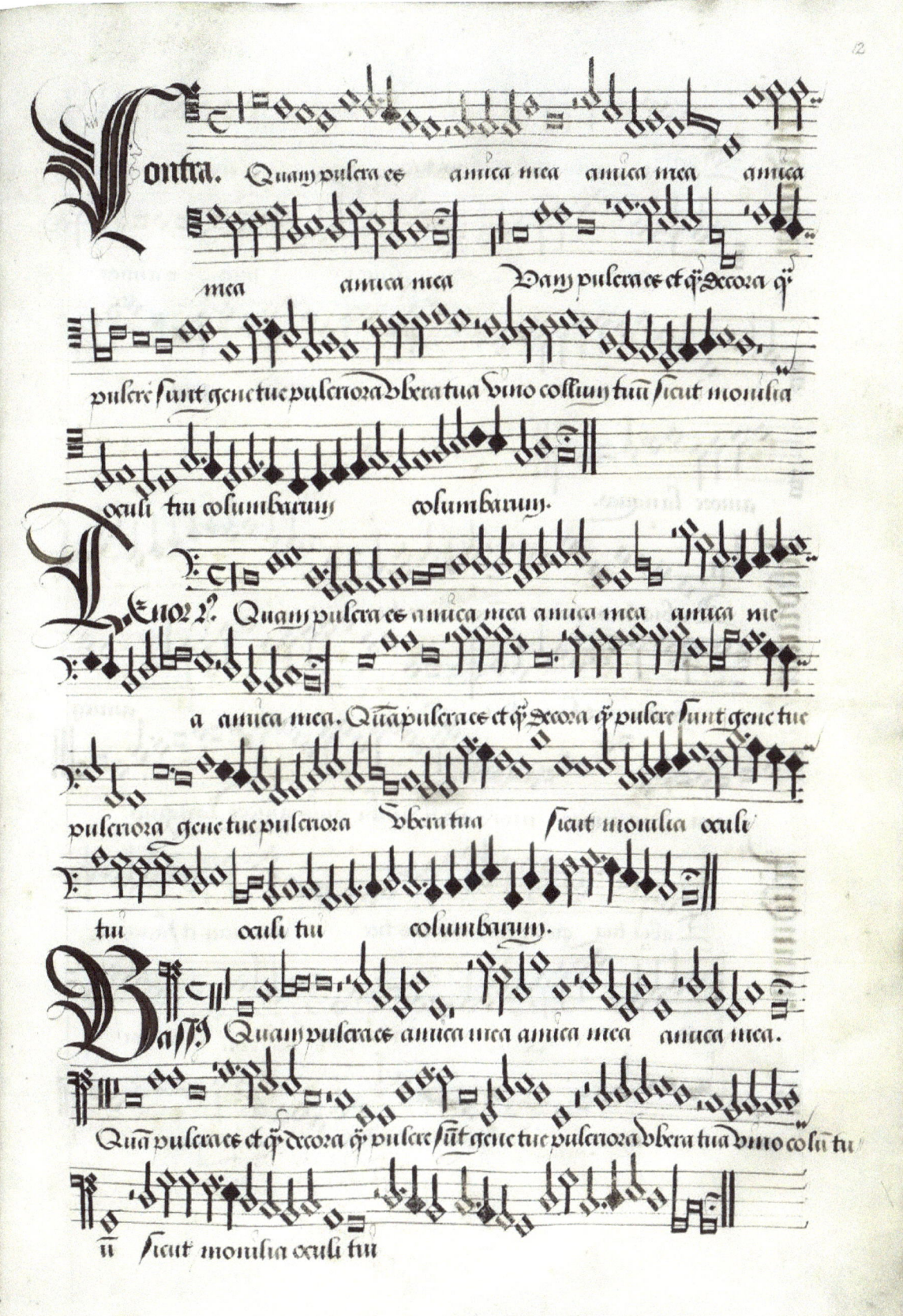

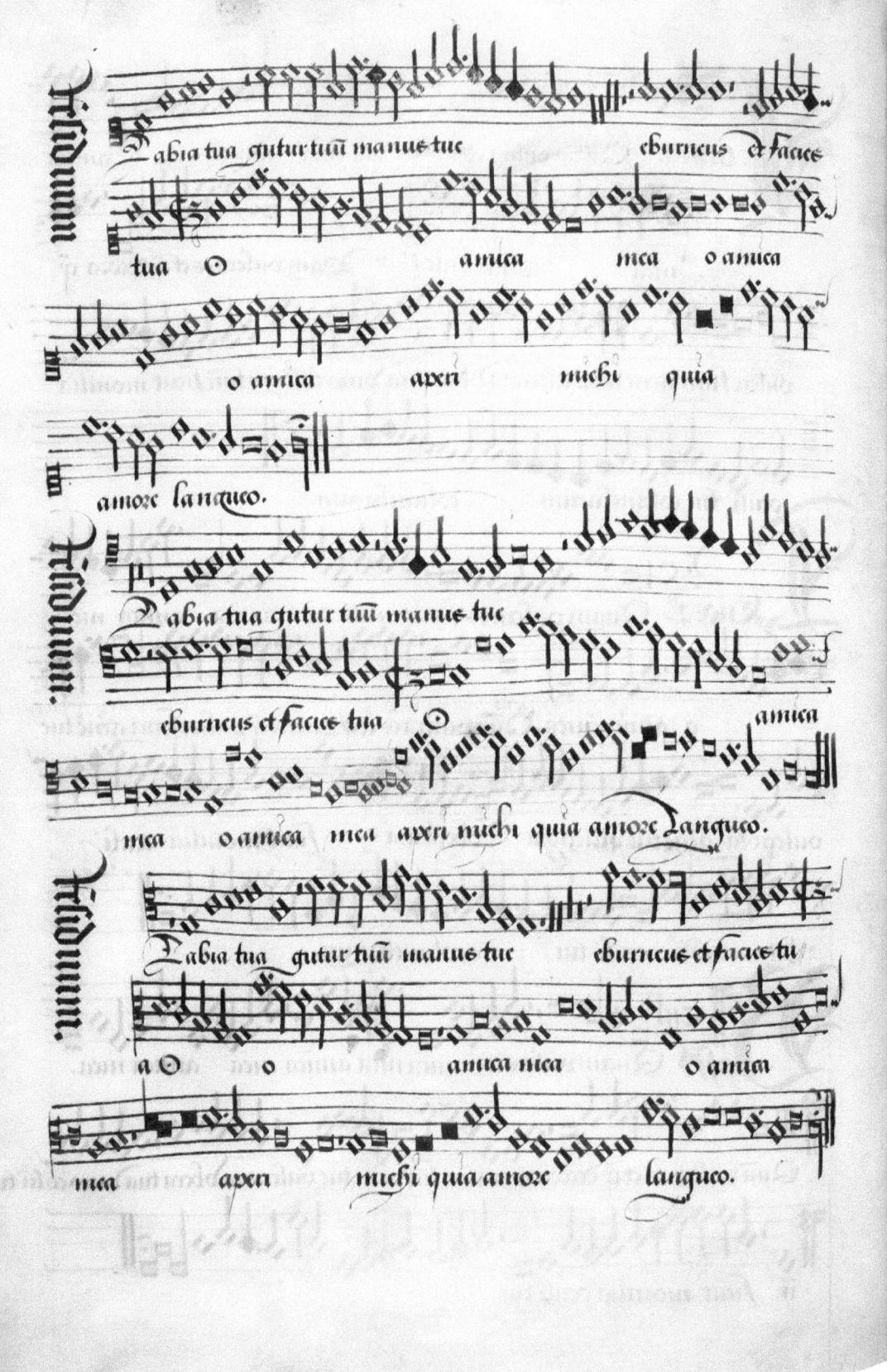

Triduum

Labia tua guttur tuum manus tue eburneus et facies

tua amica mea o amica

o amica aperi michi quia

amore langueo.

Triduum

Labia tua guttur tuum manus tue

eburneus et facies tua amica

mea o amica mea aperi michi quia amore langueo.

Triduum

Labia tua guttur tuum manus tue eburneus et facies tu

a o amica mea o amica

mea aperi michi quia amore langueo.

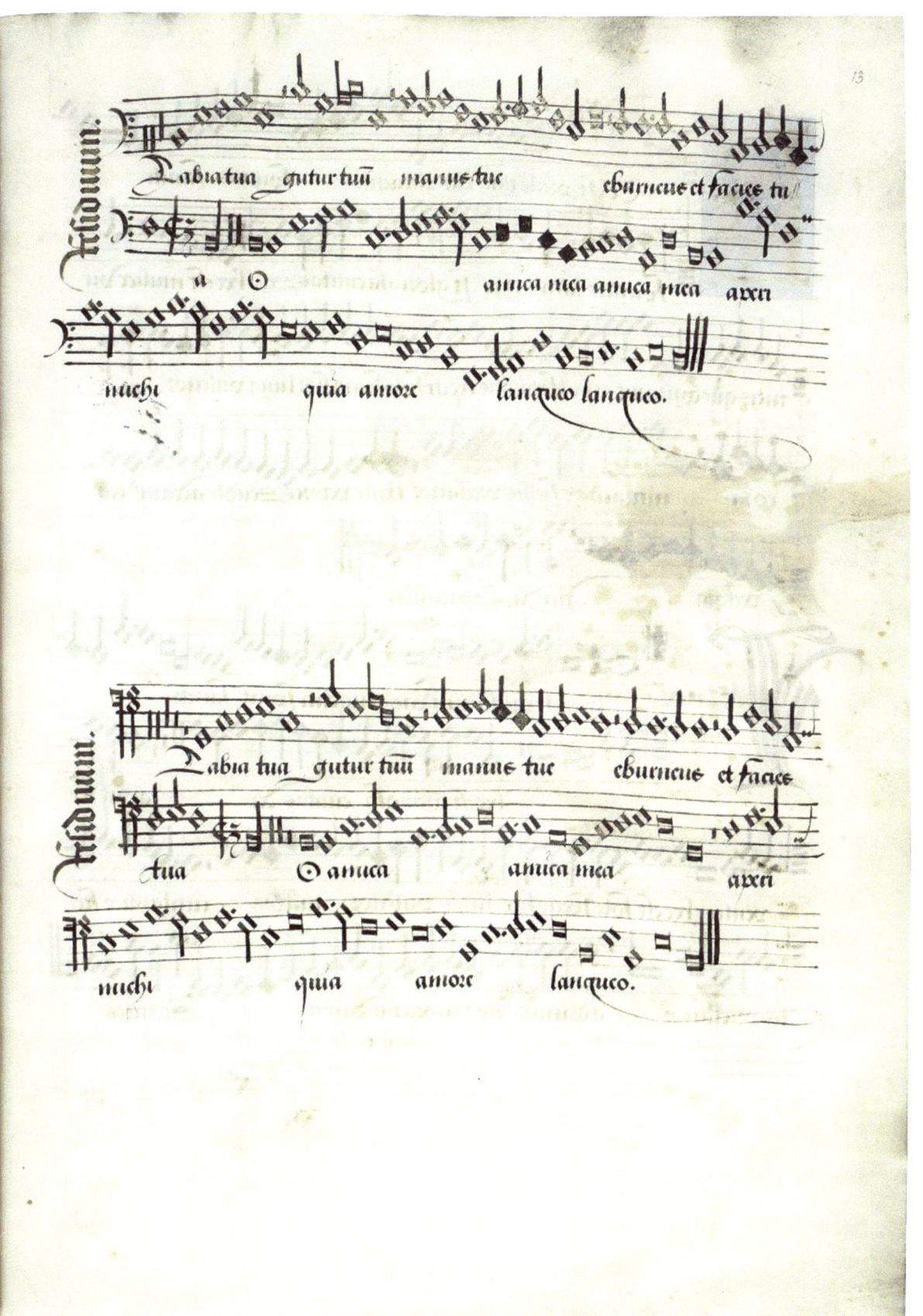

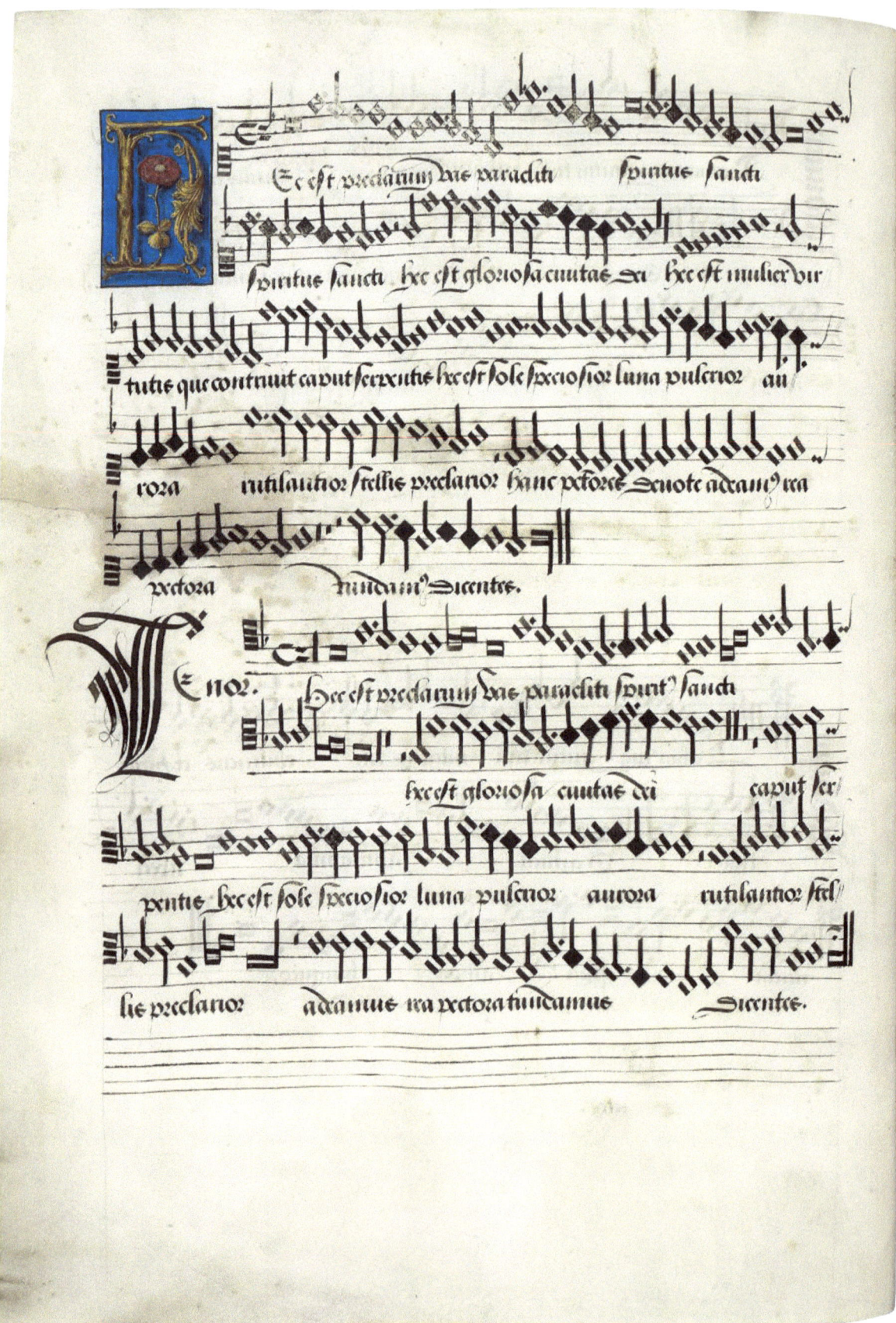

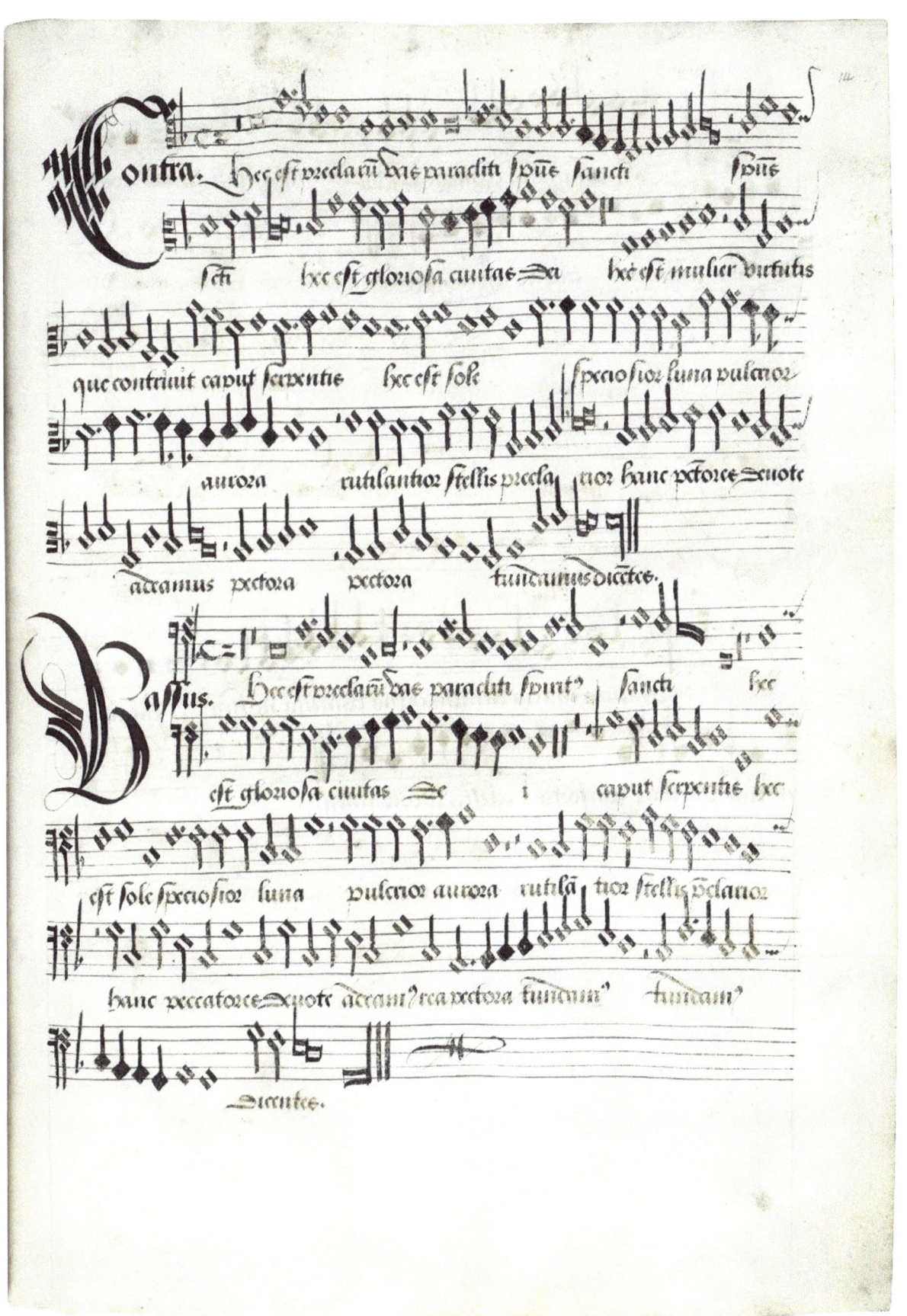

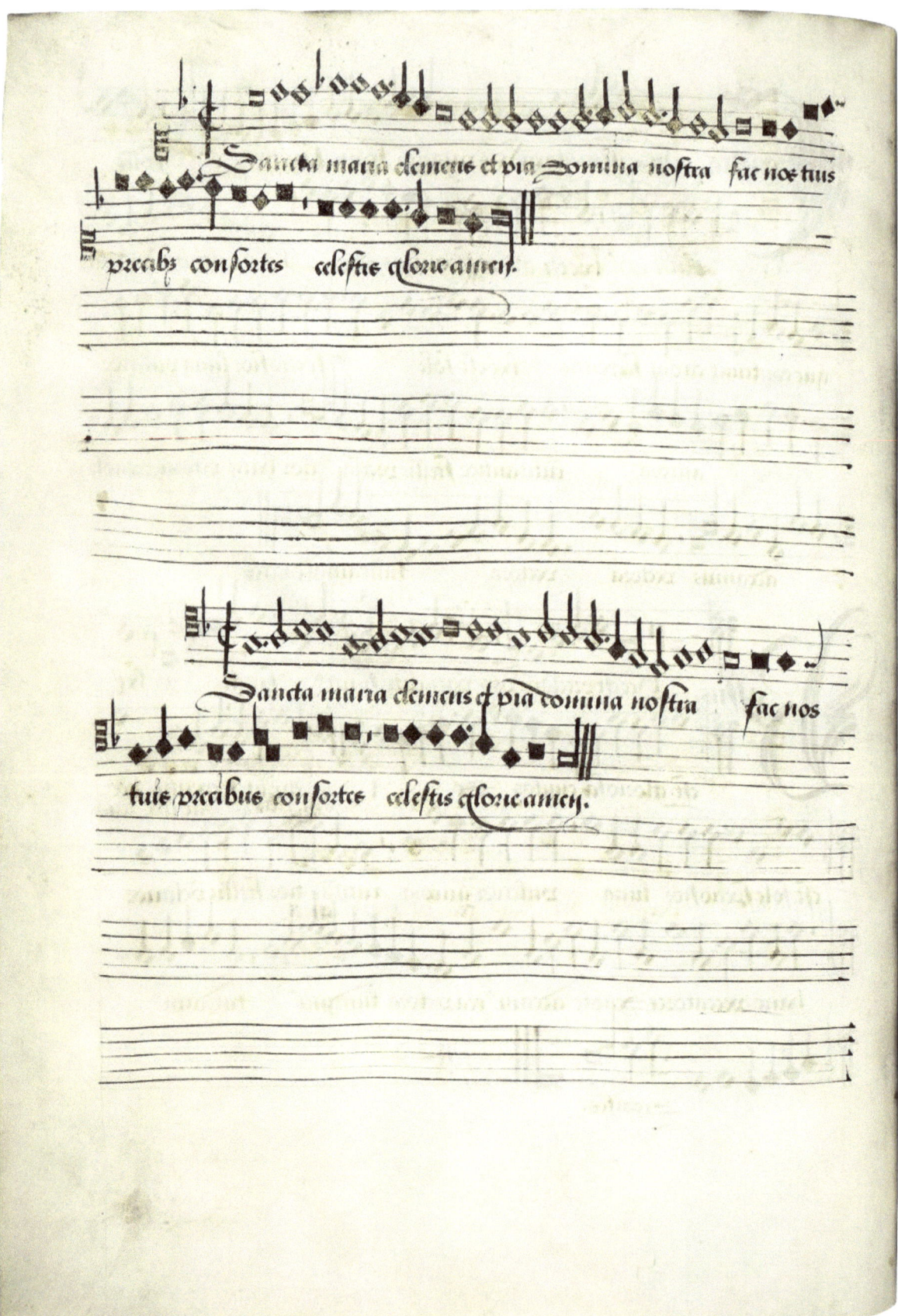

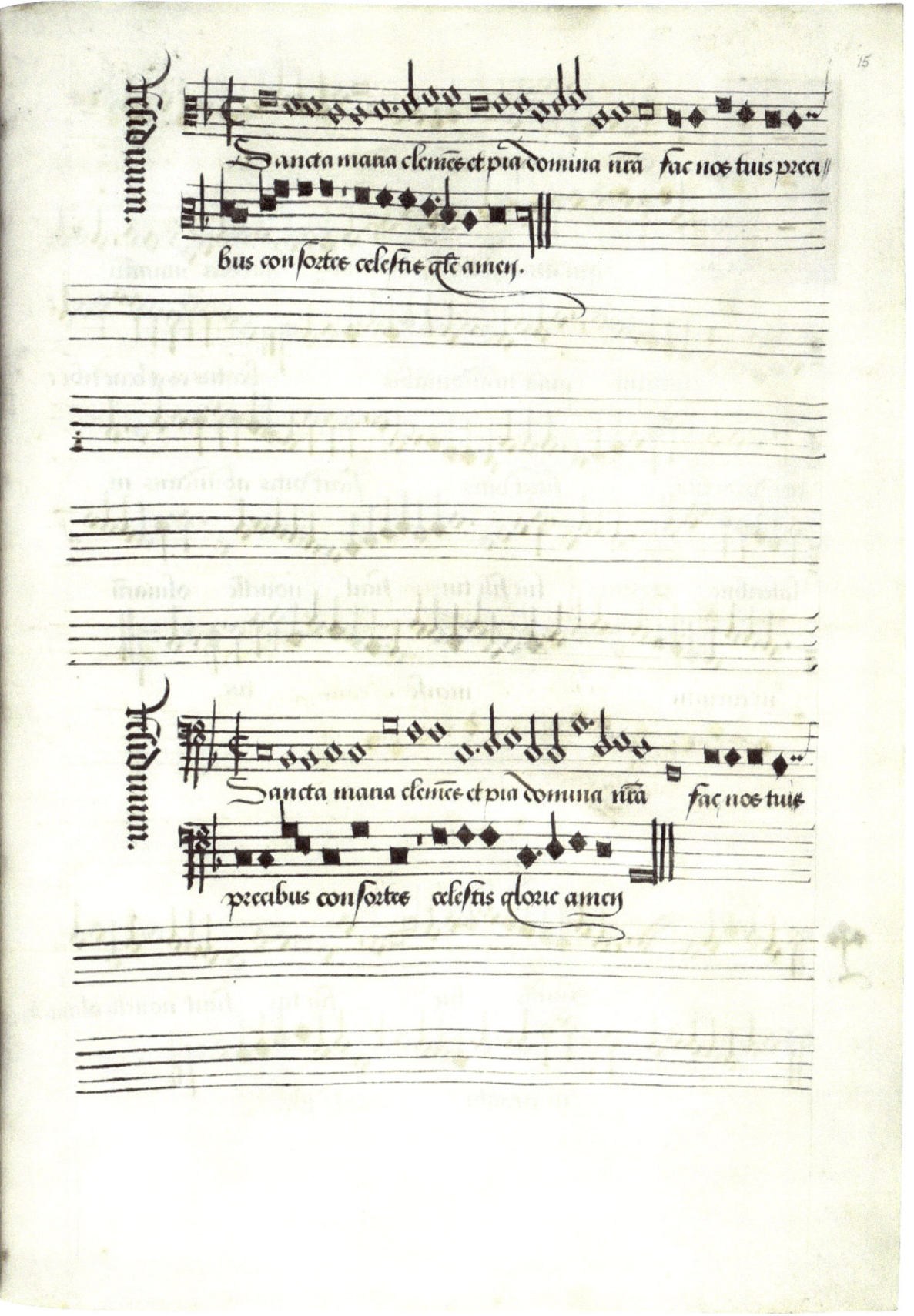

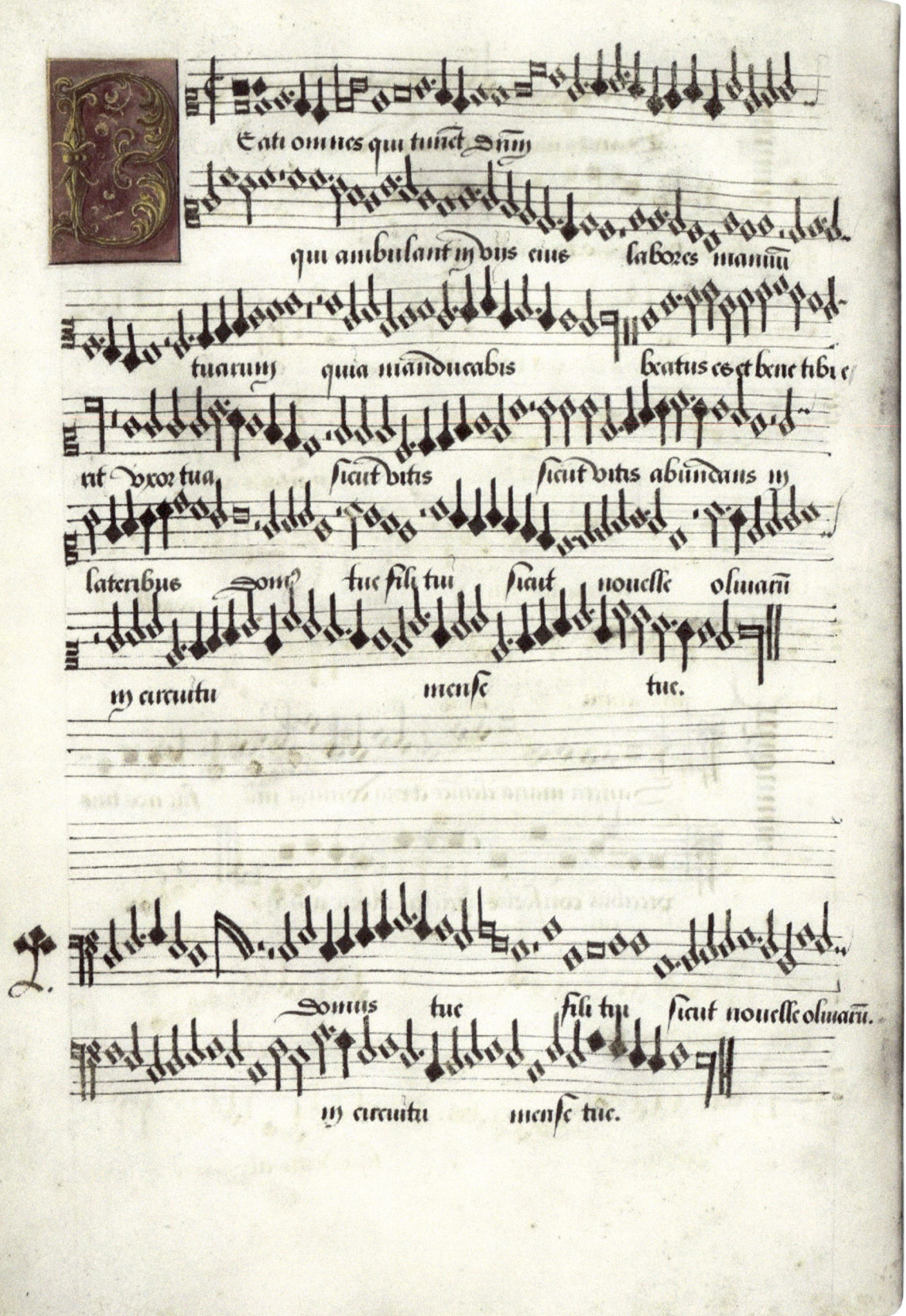

eati omnes qui tunet dniu

qui ambulant in viis eius   labores manuu

tuaruny   quia manducabis   beatus es et bene tibi e

rit vxor tua   sicut vitis   sicut vitis abundans in

lateribus   domy   tue fili tui   sicut   nouelle oliuaru

in circuitu   mense   tue.

domus   tue   fili tui   sicut nouelle oliuaru.

in circuitu   mense tue.

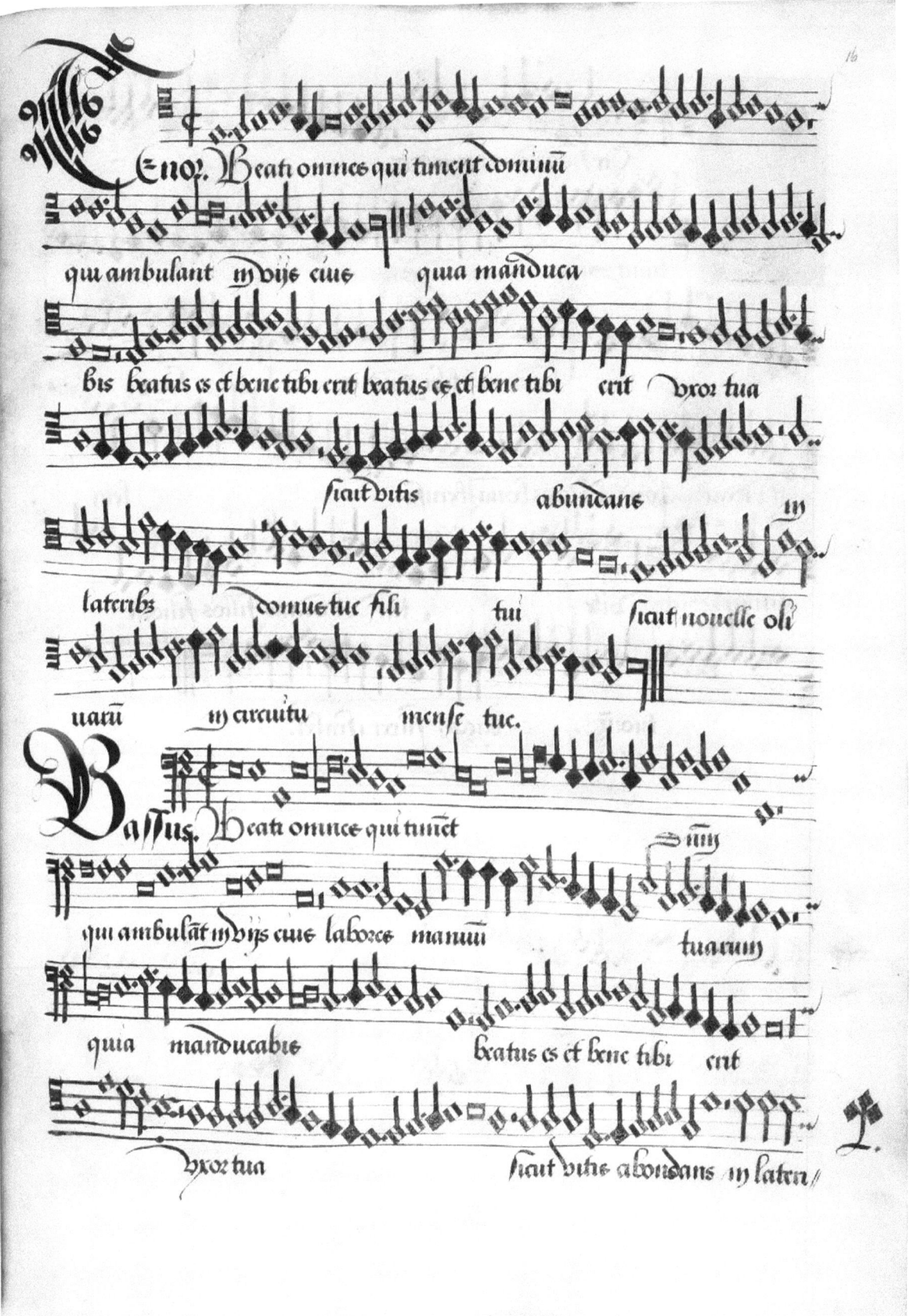

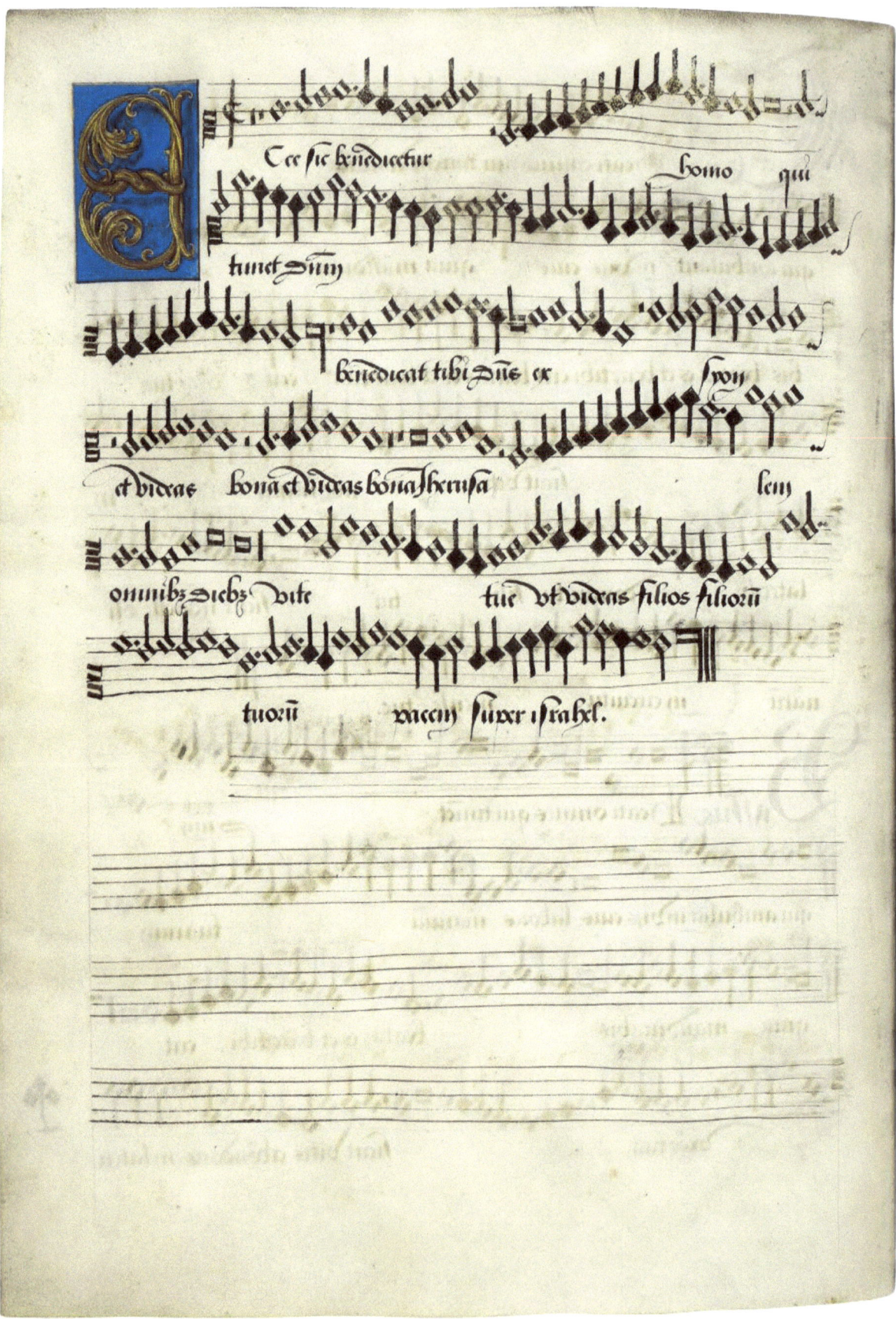

Ece sic benedicetur homo qui

timet dñm

benedicat tibi dñs ex hyon

et videas bona et videas bona Iherusa lem

omnibz diebz vite tue vt videas filios filiorū

tuorū pacem super israhel.

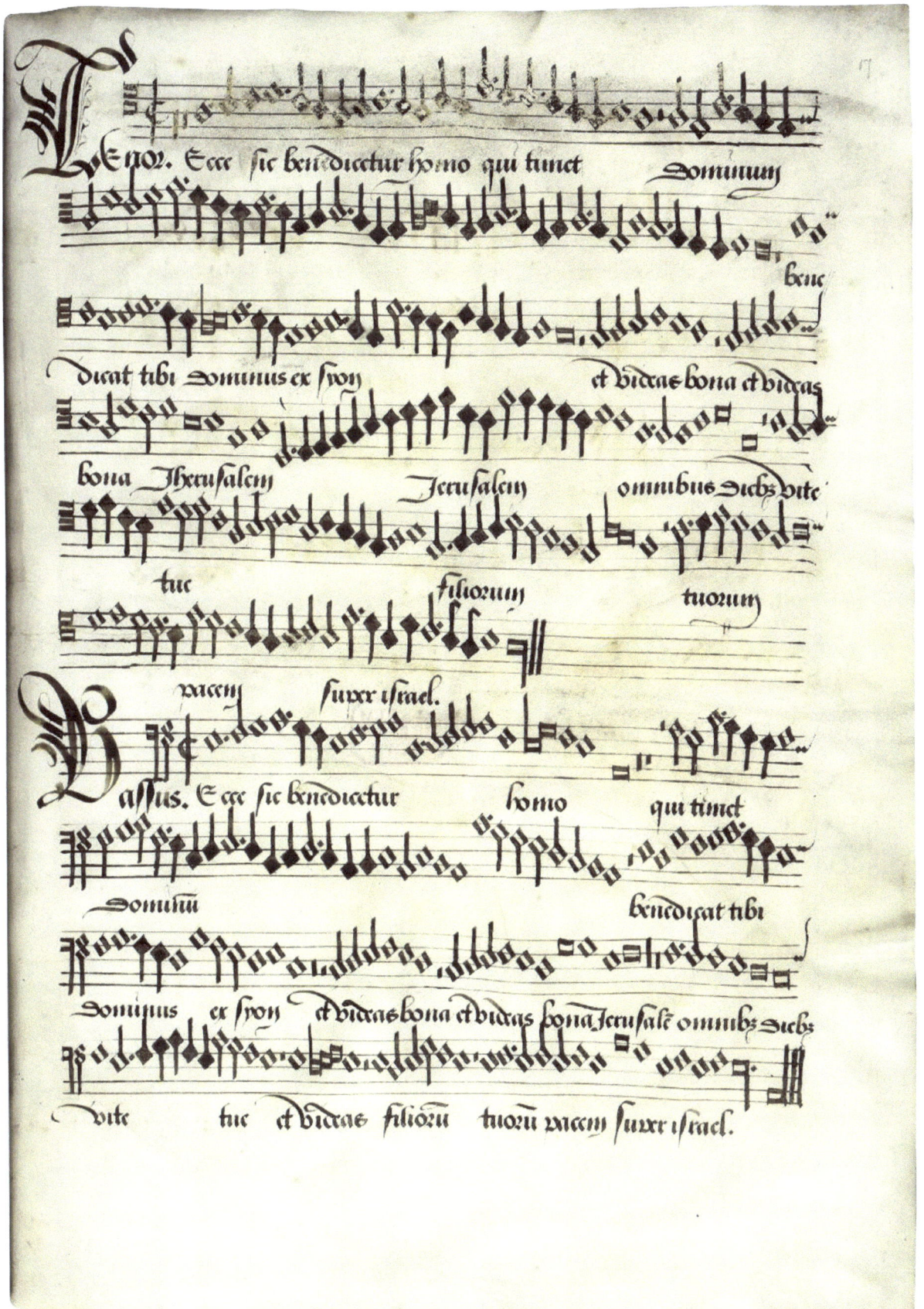

Tenor. Ecce sic benedicetur homo qui timet Dominum

bene dicat tibi Dominus ex syon et videas bona et videas

bona Jherusalem Jerusalem omnibus diebz vite

tue filiorum tuorum

pacem super israel.

Bassus. Ecce sic benedicetur homo qui timet

Dominum benedicat tibi

Dominus ex syon et videas bona et videas bona Jerusale omnibz diebz

vite tue et videas filioru tuoru pacem super israel.

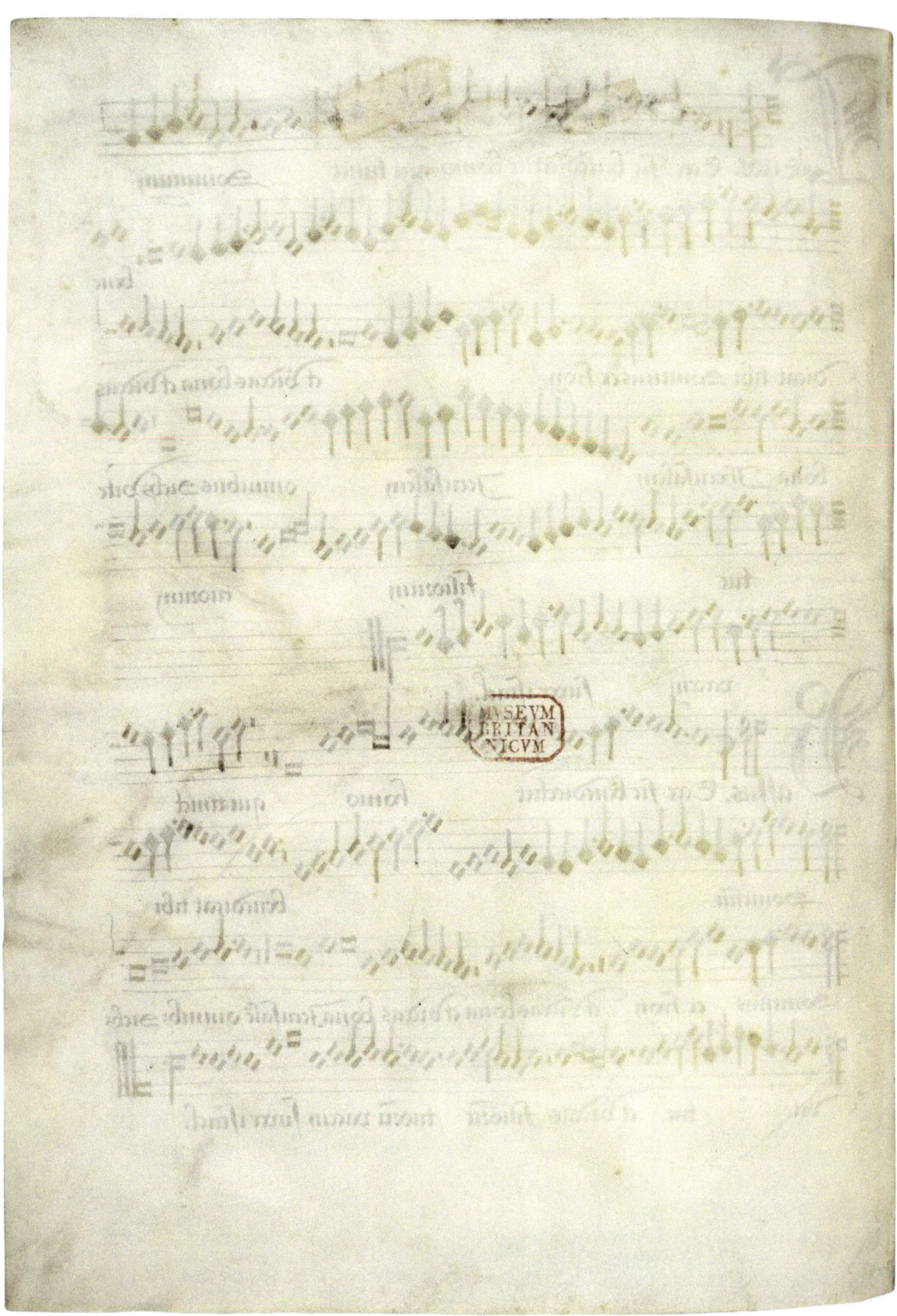

www.ingramcontent.com/pod-product-compliance
Lightning Source LLC
Chambersburg PA
CBHW050906180526
45159CB00007B/2806